D1665585

Fotos bearbeiten mit Photoshop Elements 2.0

Christine Peyton

SYBEX

Fast alle Hard- und Software-Bezeichnungen, die in diesem Buch erwähnt werden, sind gleichzeitig auch eingetragene Warenzeichen und sollten als solche betrachtet werden. Der Verlag folgt bei den Produktbezeichnungen im Wesentlichen den Schreibweisen der Hersteller. Der Verlag hat alle Sorgfalt walten lassen, um vollständige und akkurate Informationen in diesem Buch bzw. Programm und anderen evtl. beiliegenden Informationsträgern zu publizieren. SYBEX-Verlag GmbH, Köln, übernimmt weder die Garantie noch die juristische Verantwortung oder irgendeine Haftung für die Nutzung dieser Informationen, für deren Wirtschaftlichkeit oder fehlerfreie Funktion für einen bestimmten Zweck. Ferner kann der Verlag für Schäden, die auf eine Fehlfunktion von Programmen, Schaltplänen o. Ä. zurückzuführen sind, nicht haftbar gemacht werden, auch nicht für die Verletzung von Patent- und anderen Rechten Dritter, die daraus resultiert.

Projektmanagerin: Simone Schneider
DTP: EIN**SATZ**, Marl
Endkontrolle: Petra Fecke, Düsseldorf
Umschlaggestaltung: Guido Krüsselsberg, Düsseldorf
Belichtung, Druck und buchbinderische Verarbeitung: Wiener Verlag, Himberg (Österreich)

ISBN 3-8155-0412-0

1. Auflage 2003

Inhaltsverzeichnis

Einleitung

Als „Photoshop für Arme" wird Photoshop Elements mitunter etwas ironisch bezeichnet. Denkt man nur an den Geldbeutel, ist das nicht ganz verkehrt, denn Photoshop Elements 2.0 ist zu einem Preis von ca. 100 Euro tatsächlich deutlich günstiger als Photoshop.

Die Entscheidung für Photoshop Elements muss aber nicht unbedingt daher rühren, dass man einen näheren Blick in das Portemonnaie gewagt und daraufhin zum günstigeren Programm gegriffen hat. Der Vorteil gegenüber Photoshop liegt für viele auch darin, dass Photoshop Elements zwar all die Tools zur digitalen Bildbearbeitung bietet, die die meisten Grafikfans brauchen und die von Designern auf der ganzen Welt bevorzugt werden, aber dennoch leichter zu erlernen und weniger komplex ist als sein professionelles Pendant. Insofern ist Photoshop Elements als abgespeckte Version von Photoshop ideal für alle Hobby-Fotografen und kreative Bastler, die Lust haben, Fotos am PC zu bearbeiten. Von kleinen Korrekturen über kreative Bildeffekte bis hin zu vielseitigen Montagen – mit einfachen Schritten kann man hochwertige, mitunter überraschende Ergebnisse erzielen. Sobald Sie sich ein bisschen eingearbeitet und die wesentlichen Werkzeuge und Funktionen kennen gelernt haben, können Sie Ihre digitalen Bilder komfortabel für den Druck und/oder das World Wide Web vorbereiten.

Zum Buch

Das vorliegende Buch führt in die wesentlichen Funktionen von Photoshop Elements ein, beschreibt die Verwendung der Werkzeuge, oft anhand von Schritt-für-Schritt-Anweisungen und Beispielen, erklärt elementare Prinzipien wie etwa die Arbeit mit Ebenen, demonstriert die Wirkungsweise von Filtern, zeigt die Möglichkeiten kreativer Bildgestaltung auf und unterstützt Sie bei der Aufbereitung von Bildern für den Einsatz im Internet.

Die Kapitel behandeln schwerpunktmäßig einzelne Themen der Bildbearbeitung, wobei es allerdings nicht immer möglich war, die Aspekte klar abzugrenzen, da es oft so ist, dass bei der Arbeit an einem Bild zahlreiche Probleme/Lösungen eine Rolle spielen, die den Einsatz unterschiedlichster, aber miteinander verbundener Funktionen erfordern. Insofern ist die thematische Einteilung etwas künstlich und dient vor allem der Übersichtlichkeit bzw. dem Bemühen, zunächst einen leichten Einstieg zu bieten, aber auch fortgeschrittene Techniken nicht außer Acht zu lassen. Aufgrund dieses Ineinandergreifens der vielfältigen Bearbeitungsmöglichkeiten werden Sie recht häufig auf Verweise stoßen, aus denen hervorgeht, in welchem Kapitel/welchem Abschnitt dieses oder jenes Thema genauer erläutert wird.

Auch als "Kleiner Bruder" von Photoshop ist Photoshop Elements ein leistungsstarkes Programm mit einer Fülle von Funktionen. Diese Fülle kann auf den Seiten dieses Buches nicht erschöpfend abgehandelt werden. Mithilfe dieses Buches kommen Sie ein gutes Stück weiter bei der Bildbearbeitung, es bleibt aber auch noch viel Raum zum Probieren und Experimentieren "ohne Netz und doppelten Boden".

Für alle, die sich mit der Bildbearbeitung tatsächlich auf neues Terrain wagen, bietet es sich an, das Buch mehr oder minder von Anfang an durchzuarbeiten. Wenn Sie es irgendwo mittendrin aufschlagen, kann es durchaus sein, dass der dort erklärte Teil unklar bleibt, weil die Voraussetzungen für das Verständnis fehlen. Andererseits kann es vorkommen, dass Sie auch einmal vorblättern müssen, um den richtigen Weg zu finden. Zum Beispiel wird die Ebenen-Technik – weil sie etwas komplexer ist und man nicht gleich mit der Tür ins Haus fällt – erst in *Kapitel 8: Der Umgang mit Ebenen* erklärt, im Prinzip spielt sie aber von Anfang eine Rolle.

Das Buch richtet sich an Einsteiger, aber auch an diejenigen, die bereits ein bisschen mit Bildbearbeitung experimentiert haben. Für die Leser mit Vorkenntnissen sind manche Schritte vielleicht zu detailliert beschrieben, dies folgt aber dem Prinzip, niemanden ratlos oder auf halbe Strecke zurückzulassen.

Installation

Die Installation von Photoshop Elements ist denkbar einfach. Wenn Sie im Besitz der CD sind, legen Sie sie ein, der Installationsvorgang beginnt dann automatisch und Sie folgen einfach den Anweisungen. Allerdings: Bildbearbeitung braucht Power, d.h. mit einem Rechner, der etwas schwach auf der Brust ist, kommen Sie nicht weit.

Nach Abschluss der Installation finden Sie das Programmsymbol auf Ihrem Desktop. Mit einem Doppelklick können Sie das Programm nun aufrufen. Der Ladevorgang braucht einen kleinen Moment, seien Sie also nicht zu ungeduldig.

Photoshop Elements auf dem Desktop

Systemanforderungen

Windows

◆ Intel® Pentium®-Prozessor

◆ Microsoft Windows 98, Windows 98 Second Edition, Windows Millennium Edition, Windows 2000 oder Windows XP Home/Professional

◆ 128 MB RAM

◆ 150 MB freier Festplattenspeicher

◆ Farbmonitor, der bei einer Auflösung von 800 x 600 oder höher Tausende Farben anzeigen kann

◆ Internet Explorer 5.0, 5.5 oder 6.0 (durch die entsprechenden Service Packs aktualisiert)

◆ CD-ROM-Laufwerk

Macintosh

◆ PowerPC®-Prozessor

◆ Mac OS 9.1, 9.2.x oder Mac OS X 10.1.3-10.1.5

◆ 128 MB RAM mit aktiviertem virtuellen Speicher

◆ 350 MB freier Festplattenspeicher

◆ Farbmonitor, der bei einer Auflösung von 800 x 600 oder höher Tausende Farben anzeigen kann

◆ CD-ROM-Laufwerk

1. Überblick über die Funktionen

Adobe Photoshop Elements 2.0 bietet zahlreiche Funktionen zur Bearbeitung von Fotos, ganz gleich, ob es darum geht, ein Foto einfach ein bisschen aufzumöbeln und unschöne oder nicht ganz gelungene Elemente zu korrigieren, oder darum, Bilder zu manipulieren, neu zu gestalten und Effekte auf ein Foto anzuwenden. Dies geht sogar in einer Art und Weise, die aus dem Originalbild ein Bild macht, das kaum noch bzw. gar keine Ähnlichkeit mit dem Original besitzt. Im Nu sind Sie mit ein paar Pinselstrichen (also Mausklicks) zu einem begabten Künstler avanciert. Die gute Nachricht dabei ist, dass Photoshop Elements trotz einiger Tücken relativ einfach zu erlernen und zu bedienen ist.

In den folgenden Abschnitten werden wichtige Funktionen und Möglichkeiten kurz vorgestellt. Die folgenden Kapitel erhalten dann genaue Erklärungen, Beispiele etc. Allerdings muss einschränkend gesagt werden, dass Bildbearbeitungsprogramme tatsächlich eine unendliche Fülle an Funktionen und Möglichkeiten anbieten. Photoshop Elements bildet da keine Ausnahme, auch wenn es sich ja schon um eine Art "abgespeckte" Version des Profi-Programms Adobe Photoshop handelt.

Daher führt dieses Buch in die wesentlichen Bereiche der digitalen Bildbearbeitung mit Photoshop Elements 2.0 ein, kann aber unmöglich erschöpfend Auskunft geben. Viele Beschreibungen führen Sie auf den Weg, gehen aber nicht die komplette Strecke, d.h. es bleiben noch Möglichkeiten und Optionen, die Sie dann selbst erkunden können.

Bilder drehen, neigen etc.

Photoshop Elements bietet die Möglichkeit, Fotos gerade zu rücken, genauso gut können Sie Bilder aber auch neigen, verzerren, auf den Kopf stellen oder auf die Seite legen etc. Viele dieser Aktionen sind per Mausklick erledigt.

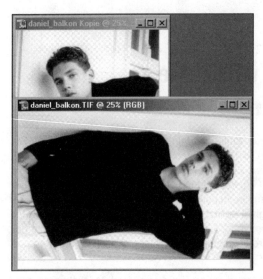

Bilder drehen

Farben korrigieren

Den Farben eines Bildes wird in der Regel viel Aufmerksamkeit geschenkt, aber längst nicht immer sind sie – aus unterschiedlichen Gründen – so brillant wie man sich das wünscht. Mit Photoshop Elements kann man hier eine Menge ausgleichen. Soll es auf die Schnelle gehen und sind die Mängel nicht sehr gravierend, bieten sich die automatischen Korrekturfunktionen an. Mit den Funktionen *Auto-Tonwertkorrektur, Auto-Kontrast* und *Auto-Farbkorrektur* macht Photoshop Elements es Ihnen leicht, farbliche Mängel zu beheben. Außerdem gibt es jetzt ein *Quick Fix*-Dialogfeld, das eine Reihe vorhandener Werkzeuge zur Bildverbesserung zusammenfasst, nicht nur Befehle zur Farbkorrektur, sondern auch Optionen zum Schärfen und Drehen.

Neben diesen Auto-Korrekturen stehen Funktionen zur Verfügung, mit denen eine ausgefeilte Anpassung des Farbtons, der Sättigung, des Kontrastes, der Helligkeit etc. eines Bildes möglich ist, beispielsweise lässt sich mit der Tonwertkorrektur die Farbbalance präzise einstellen. Mithilfe des Histogramms können Sie erfahren, wie sich die Pixel über die Helligkeitsstufen des Bildes verteilen und so entsprechende Korrekturen vornehmen.

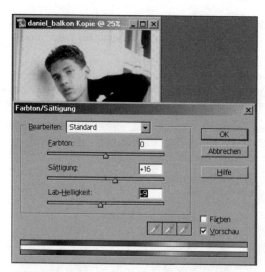

Farbtöne etc. lassen sich prima korrigieren.

Mit der überarbeiteten Farbverwaltungsfunktion steht Ihnen eine Farbverwaltung zur Verfügung, die jeden Profi zufrieden stellen würde. Sie entspricht der ausgeklügelten Farbverwaltung von Photoshop 7.0.

Retuschieren, ausbessern, manipulieren

Sie ärgern sich über mehr oder minder kleine oder große Schönheitsfehler Ihrer Bilder? Diesen Ärger können Sie schnell vergessen, denn Photoshop Elements bietet eine Reihe von Werkzeugen, mit denen Sie Fehlern und Problemen zu Leibe rücken können. Kratzer werden Sie beispielsweise mit einem Filter wieder los, mit dem Werkzeug *Schwamm* wird die Sättigung der Farben eines Bereichs leicht geändert, der *Wischfinger* verwischt im Bild bereits vorhandene Farben und ist ein prima Werkzeug, jemandem die Haare zu Berge stehen zu lassen!

Die Haare stehen nach Benutzung des Wischfingers zu Berge.

Dass Bilder unscharf sind, kommt ziemlich häufig vor. Mit einem speziellen Filter, dem *Unscharf maskieren*-Filter, können Sie dieses Problem auf erstaunliche Weise beheben.

Für das durch Blitzlicht hervorgerufene Phänomen der roten Augen, die selbst das süßeste Enkelkind entstellt, stellt Photoshop Elements ein besonderes Werkzeug zur Verfügung, das in der Standard-Werkzeugleiste zu finden ist, den *Rote-Augen*-Pinsel.

Zur Korrektur von Bildmängeln und Problemen können Sie weitere Werkzeuge zu Hilfe nehmen, teils solche, die auch in der klassischen Bildbearbeitung Verwendung finden, z.B. *Weich-* und *Scharfzeichner*, *Abwedler* und *Nachbelichter*.

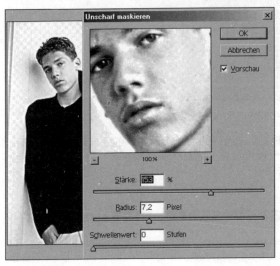

Verschärft mit dem Filter Unscharf maskieren

Mit dem *Kopierstempel* können Sie bestimmte Bildteile aufnehmen und auf andere Bereiche – wie mit einem Stempel – übertragen: Eine faszinierende Art, Elemente eines Bildes unsichtbar zu machen, sei es einen Fehler oder eine störende Baustelle vor einem Urlaubshotel!

Freistellen und auswählen

Sehr oft kommt es bei der Bildbearbeitung vor, dass Teile aus einem Bild herausgenommen werden sollen, sodass quasi ein neues Bild entsteht. Photoshop Elements hat ein eigenes Freistellungswerkzeug im Repertoire, mit dem Sie Ausschnitte eines Bildes erstellen.

Einen Bildausschnitt erzeugen

Außerdem hat Photoshop Elements natürlich die auch aus anderen Bildbearbeitungs-programmen bekannten Auswahl-Tools wie beispielsweise das *Lasso* und den *Zauberstab* an Bord. Mit diesen Werkzeugen können Sie Bildbereiche herauslösen, um sie separat zu bearbeiten oder beispielsweise in eine neue Datei zu kopieren.

Einen Bereich mit dem Lasso auswählen

Neu ist der *Auswahlpinsel*, mit dem sich sehr feine Bereiche, z.B. der Rand einer Kaffeetasse, auswählen lassen. Sie erstellen die Auswahl im Prinzip mit Pinselstrichen, deren Stärke variieren kann.

Arbeit mit Ebenen

Praktisch unverzichtbar bei der Bildbearbeitung ist die Arbeit mit so genannten Ebenen. Es sind flexible Instrumente zur Korrektur, Veränderung, Ergänzung und kreativen Gestaltung von Bildern. Am besten, Sie stellen sich Ebenen vor wie übereinander geschichtete, separate Folien. Dort, wo die Ebene transparent ist, scheint die jeweils untere Ebene durch. So können Sie einfach durch die Positionierung der verschiedenen Ebenen mit der Komposition eines Bildes experimentieren, ohne das Risiko einzugehen, ein Bild im Eifer des Gefechts völlig zu demolieren. Die jeweils aktive Ebene lässt sich separat bearbeiten, füllen, verschieben, löschen etc.

Weitere Möglichkeiten ergeben sich durch andere Ebenentypen. So lassen sich beispielsweise Füllebenen verwenden, die mit einer Farbe oder einem Farbverlauf gefüllt sind. Verwenden Sie einen zarten Verlauf, scheinen die darunter liegenden Ebenen durch, was zu interessanten Effekten führen kann.

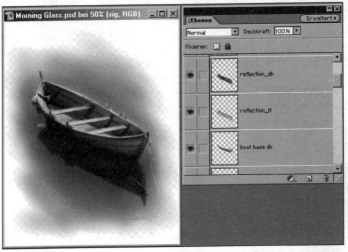

Die Abbildung zeigt ein Bild bestehend aus drei Ebenen, zu erkennen in der Ebenen-Palette.

Zeichnen und Malen

Natürlich steckt in jedem von uns ein Künstler! Mit Photoshop Elements können Sie Ihr Talent voll zur Geltung bringen. Mit den entsprechenden Werkzeugen lassen sich Linien zeichnen oder mehr oder minder klassische Formen aufziehen und bearbeiten wie beispielsweise ein Rechteck, eine Ellipse oder ein Polygon. Neben diesen gängigen Formtypen hält Photoshop Elements auch das *Eigene-Form*-Werkzeug parat, das eine lange Liste von originellen Figuren, Objekten, Schriftzeichen, Spruchblasen etc. anbietet, die sich quasi per Mausklick aufziehen lassen.

Alle Elements-Formen
Banner und Urkunden
Formen
Musik
Musterelemente
Natur
Objekte
Obst
Ornamente
Pfeile
Rahmen
Schilder
Schriftzeichen
Sprechblasen
✓ Standard
Symbole
Tiere

Die Auswahl der Eigene-Form-*Paletten*

Im Nu sieht Ihr Bild so aus, als ob ein Vierbeiner quer über das Bild gewandert ist und seine Spuren hinterlassen hat.

Das Eigene-Form-*Werkzeug enthält originelle Formen, die sich aufziehen lassen.*

Beachten Sie, dass Sie beim Zeichnen Vektorgrafiken erstellen, die als Pixelgrafiken gespeichert werden. Bei Vektorgrafiken werden nur Eigenschaften und Koordinaten der Linien und Formen gespeichert, bei Pixelgrafiken die einzelnen Pixel. Bearbeiten lassen sich daher in Pixelgrafiken auch nur die einzelnen Pixel und die Dateigröße ist sehr viel größer als bei gleichen Motiven in Vektorgrafiken. Viele Programme bieten die Möglichkeiten Vektorgrafiken in Bitmapgrafiken zu konvertieren. Dabei gehen allerdings die Informationen über die einzelnen Vektoren verloren.

Wenn Sie die Farben von Pixeln ändern oder Farbe auftragen möchten, greifen Sie zu den Malwerkzeugen; hier können Sie wählen zwischen dem Pinsel (etwas unglücklich als *Werkzeugspitze* bezeichnet), dem *Impressionisten*-Pinsel, dem *Buntstift*, dem *Wischfinger* und einem *Musterstempel*. Der *Pinsel* und der *Buntstift* haben zahlreiche Pinselstrich-Stile im Gepäck, mit denen Umrisse und Linien effektvoll verändert werden können. Der *Musterstempel* zaubert im Nu interessante Füllungen und Hintergründe, z.B. Künstlerpapier oder Gesteinsmuster.

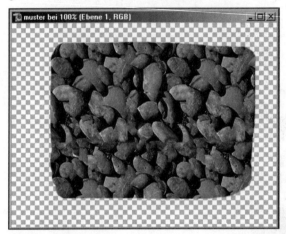

Mit dem Musterstempel lassen sich alle möglichen Strukturen malen.

Zum Füllen von Formen, Flächen und Bereichen stehen neben Farben auch Muster und interessante Farbverläufe zur Verfügung.

Effekte durch Filter

Ein Bild kann so aussehen, oder auch ganz anders! Wenn Sie starke Verfremdungen und außergewöhnliche Effekte mögen, können Sie die Filter ausprobieren, von denen Photoshop Elements 2.0 noch mehr bereit hält als die Vorgänger-Version. Mit einigen dieser Filter lassen sich die Bilder so verändern, dass sie kaum noch an das Original erinnern. Per Mausklick werden Sie zu einem Aquarellmaler oder einem echten Talent auf dem Gebiet der Arbeit mit Öl. Zur Verfügung stehen aber auch Filter, die der Korrektur bzw. der Optimierung dienen, z.B. die *Störungsfilter* zum Entfernen von Staub und Kratzern.

Hier wurde der Filter Getupfte Ölfarbe *verwendet.*

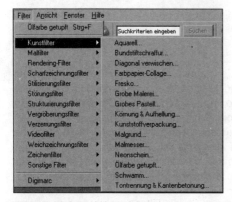

Filter ohne Ende

Bilder mit Text

Mit dem Textwerkzeug von Photoshop Elements können Sie Bilder durch Text ergänzen. Dabei kann der Text quer über das Bild laufen oder auch vertikal ausgerichtet werden. Außerdem stehen Formatierungen zur Verfügung sowie die Möglichkeit, dem Text durch Verkrümmung Schwung zu geben.

Bild mit Text

Panoramabilder

Sie kennen das Problem, dass man mit der Kamera oft einen zu kleinen Ausschnitt erfasst, der die Realität nur unzureichend wiedergibt. So wirkt dann die Bergkette oder die Skyline auf dem Foto nur halb so imponierend wie vor Ort. Statt Schnippeln und Schneiden können Sie mit Photoshop Elements die *Photomerge*-Funktion verwenden. Mit dieser Funktion gelingt es, mehrere Fotos so zu kombinieren, dass ein echtes Panoramabild entsteht. Man muss allerdings schon beim Fotografieren daran denken, dass ein Panoramabild entstehen soll, d.h. die einzelnen Aufnahmen bereits so auswählen, dass sie zueinander passen. Photoshop Elements kann nicht zaubern!

Fotos fürs Web und E-Mail-Versand

Photoshop Elements arbeitet bestens mit dem Internet zusammen. So können Sie Bilder, die für das Web gedacht sind, automatisch komprimieren lassen, Fotos in die richtigen Dateiformate umwandeln und sogar Gif-Animationen erstellen. In einem speziellen Dialog können Sie Bilder direkt für das Web speichern und entsprechende Optimierungs-Einstellungen vornehmen. Außerdem lässt sich in einem einzigen Dialog eine *Web-Fotogalerie* erstellen.

Kein Problem ist es, ein Bild, das Sie geöffnet haben, direkt den Lieben als E-Mail zukommen zu lassen. Liegt das Bild nicht im JPEG-Format vor, werden Sie darauf aufmerksam gemacht und können das Bild automatisch konvertieren lassen.

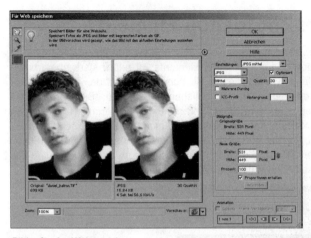

Bilder für das Web speichern

Stapelverarbeitung

Die neuen Optionen zur *Stapelverarbeitung* (wie sie bei ähnlichen Programmen zum Standard gehören) erlauben das Konvertieren und Umbenennen sowie die Größenanpassung aller Dateien, die in einen Verzeichnis abgelegt sind. Beispielsweise können auf diese Art und Weise bequem die kryptischen Namen der Dateien aus Digitalkameras umbenannt werden.

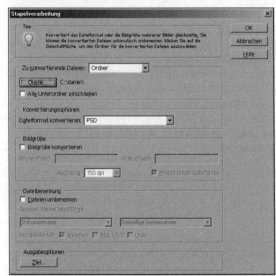

Die Stapelverarbeitung

Die Hilfe von Photoshop Elements

Wie so gut wie jedes Programm hat Photoshop Elements eine integrierte Hilfe mit im Gepäck. Diese Hilfefunktion ist für Photoshop Elements 2.0 relativ stark überarbeitet worden. Sie rufen die Hilfe im Menü *Hilfe* auf. Klicken Sie dort auf den Eintrag *Photoshop Elements-Hilfe*. Sie erhalten dann den üblichen zweigeteilten Bildschirm: Links die Auflistung von Themen oder Stichworten und rechts die Erklärungen. Wie Sie an der Überschrift oben links sehen, können Sie auf unterschiedliche Art nach Erklärungen suchen. Klicken Sie entweder auf *Inhalt, Index, Sitemap* oder rufen Sie ein Suchfeld auf, in das Sie einen Begriff eingeben. Haben Sie *Index* gewählt, klicken Sie zunächst auf einen Buchstaben und dann auf den Link am Hilfethema.

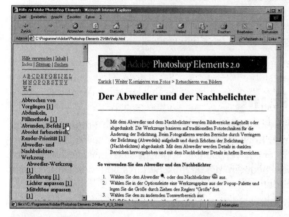

Die Hilfe von Photoshop Elements – hier der Index

Eine Hilfe bietet auch die *Tipps*-Palette. Diese Palette holen Sie über *Fenster > Tipps* auf den Bildschirm. In der Palette werden Hinweise zum jeweils aktiven Werkzeug angezeigt sowie weiterführende Links, die dann wieder das Fenster des Internet Explorers aufrufen wie bei der Photoshop Elements-Hilfe. Zu guter Letzt bietet die Palette *Vorgehensweise* (ebenfalls zu öffnen über das Menü *Fenster*) Hinweise und Hilfe in Form von schrittweisen Anleitungen. Im Pop-up-Menü, das Sie per Klick auf den Pfeil öffnen, können Sie ein "Rezept" auswählen.

Hier finden Sie Anleitungen zu bestimmten Vorgängen.

2. Grundlagen der Bilderwelt

Das Thema Farben ist ein weites Feld und hier nicht der Rahmen, es erschöpfend ab-
zuhandeln. Deshalb soll eine kurze Einführung in die Aspekte reichen, die bei der
Bildbearbeitung eine Rolle spielen.

Der Farbkreis

Es gibt eine ganze Reihe verschiedener Ordnungssysteme in der Farbenlehre. Sehr
gebräuchlich ist der zwölfteilige Farbkreis nach Johannes Itten.

Der Grundstein des Schemas sind die Farben der 1. Ordnung, aus denen durch Mischung alle übrigen Farben entstehen. Betrachten Sie diesen Kreis (hinsichtlich der
fehlenden Farben setzen Sie bitte Ihre Vorstellungskraft ein!), er funktioniert folgendermaßen: Zunächst entsteht eine sechsteiliger Farbkreis durch eine kreisförmige
Anordnung der Spektralfarben. Er besteht aus den Primärfarben sowie den Sekundärfarben. Den Aufbau des Kreises kann man sich so vorstellen: In ein gleichseitiges
Dreieck werden die drei Farben erster Ordnung (Primärfarben) (reine Farben, die sich
nicht aus anderen Farben mischen lassen) gesetzt, Gelb oben, Blau unter links und
Rot unten rechts. Die drei Mischfarben entstehen aus je zwei Farben erster Ordnung.
Diese Mischfarben ergänzen nach diesem Schema das innenliegende Dreieck zum
Sechseck:

- Gelb + Rot = Orange
- Gelb und Blau = Grün
- Blau und Rot = Violett

Orange, Grün und Violett werden auch als Farben zweiter Ordnung (Sekundärfarben)
bezeichnet, da sie aus den Primärfarben gemischt sind.

Durch Hinzufügen der Nachbarfarben (Mischung aus einer Grund- und einer Misch-
farbe bzw. einer Farbe erster Ordnung und einer Farbe zweiter Ordnung) entsteht der
zwölfteilige Farbkreis:

- Gelb und Orange = Gelborange
- Rot und Orange = Rotorange
- Rot und Violett = Rotviolett
- Blau und Violett = Blauviolett
- Blau und Grün = Blaugrün
- Gelb und Grün = Gelbgrün

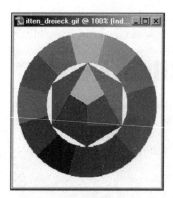

Der Farbkreis nach Itten

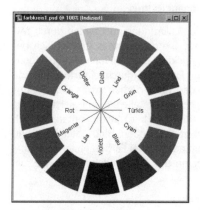

Der Farbkreis mit Farbangaben

Auf der Grundlage des Farbkreises wird jeder Farbton durch seine Position in diesem Kreis in Gradzahlen definiert. Farbnunancen, die sich in diesem Farbkreis gegenüber liegen, werden als so genannte Komplementärfarben bezeichnet.

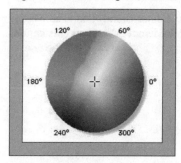

Die Position der Farben mit Gradzahl

Für die Bildbearbeitung spielt dieser Zusammenhang eine Rolle, denn die Manipulation an einer Farbe betrifft nicht nur diese Farbnuance selbst, sondern benachbarte Farben (im Farbkreis) und die jeweilige Komplementärfarbe. Soll beispielsweise die Intensität einer Farbe verringert werden, funktioniert das darüber, dass Sie die Komplementärfarbe verstärken bzw. – im umgekehrten Fall – abschwächen.

Hinweis

Obwohl das von Itten entwickelte Schema in der Farbtheorie nach wie vor eine große Rolle spielt, wird es von vielen Fachleuten auch kritisch betrachtet. Kritisiert wird z.b, dass die so genannten Grundfarben **Gelb**, **Rot** und **Blau** keine Grundfarben sind, sondern Mischfarben bzw. Sekundärfarben. Auch die Entstehung der drei Farben zweiter Ordnung **Orange**, **Grün** und **Violett** durch Mischung von jeweils zwei der Itten-Grundfarben hält laut Kritik einer Überprüfung nicht unbedingt stand. Nur das **Orange** lässt sich aus den beiden Itten-Farben **Gelb** und **Rot** einigermaßen nachmischen. Mischt man sein **Rot** und sein **Blau** zusammen, erhält man eine bräunliche Farbe mit einem Lila-Farbstich. Und die Mischung aus seinem **Blau** und seinem **Gelb** führt zu einem **Olivgrün**. Zudem ist der Farbenkreis von Itten nicht komplett. Einige reine bunte Farben fehlen darin vollständig, so etwa die bunte Grundfarbe **Magentarot** und außerdem fehlen die beiden "unbunten" Grundfarben **Weiß** und **Schwarz** als gleich wichtige und gleichberechtigte Ausgangsfarben vollständig.

Farbmodelle

Zur Beschreibung und Einordnung von Farbwerten und der Beziehung von Farben untereinander sind Farbmodelle entwickelt worden. Auf der Basis dieser Farbmodelle lassen sich Farben bzw. Farbtöne erkennen und definieren.

Man unterscheidet physikalisch-technische und wahrnehmungsorientierte Farbmodelle.

Wahrnehmungsorientierte Farbmodelle

Das HSB-Modell gehört zu den so genannten wahrnehmungsorientierten Farbmodellen, das mehr auf das Wahrnehmungsempfinden des Menschen ausgerichtet ist und mit den Parametern Farbton (Hue), Sättigung (Saturation) und Helligkeit (Brightness) arbeitet.

Beim HSB-Modell beispielsweise wird der Farbraum anhand einer sechseckigen Pyramide beschrieben. Die Spitze der Pyramide entspricht einem V-Wert von 0, die Grundseite steht für V=1. Der Wert V (Value) gibt die Helligkeit der beschriebenen Farbe an, wobei 0 Schwarz und 1 Weiß entspricht. Den Farbton erhält man durch den H-Wert (Hue), der mit einer Gradzahl angegeben wird. Die den sechs Ecken der Grundseite der Pyramide zugeordneten Farben erhalten dabei: Rot, Gelb, Grün, BlauGrün, Blau und Purpur. Der Wert S (Saturation) gibt den Abstand einer Farbe von der durch die

Spitze der Pyramide und den Mittelpunkt der Grundseite gehenden Achse an und liegt zwischen 0 und 1. Die Sättigung sagt etwas über den Anteil weißen Lichts in der Farbe aus. Die gesättigten Farben an den Seiten der Pyramide enthalten kein weißes Licht und erhalten den Wert 1. Weißes Licht und Grautöne enthalten keine Farbe einer dominierenden Wellenlänge und bekommen den Wert 0. Mischungen zwischen gesättigten Farben und Weiß haben somit S-Werte zwischen 0 und 1.

Physikalisch-technische Farbmodelle

Die physikalisch-technischen Farbmodelle beschreiben eine Farbe als Mischung dreier Primärfarben. Die Unterschiede zwischen den einzelnen Modellen liegen in der Wahl der Primärfarben und der Art der Farbmischung. Zu den wichtigsten technischen Farbmodellen zählen RGB und CMYK. Die Addition von zwei beliebigen Farben des einen Modells führen zu einer Farbe des anderen Modells.

RGB-Modell

R, G und B stehen für die Grundfarben Rot, Grün und Blau. Das RGB-Modell ist ein additives Farbmodell. Die Farben bzw. Farbtöne ergeben sich aus einem Mischungsverhältnis der drei Grundfarben. Jede Farbe ist aufgeteilt in 256 Intensitätsstufen (von Null bis volle Intensität = 255). Rot, Grün und Blau ergeben zu gleichen Teilen gemischt je nach Intensität Weiß (100 %) bis Schwarz (keine Lichtemission).

Die Abbildung zeigt das RGB-Modell. Es besteht aus einem roten (oben), grünen (rechts) und blauen (links) Kreis. Die Überschneidungen ergeben die Sekundärfarben Cyan, Magenta und Gelb. In der Mitte befindet sich Weiß.

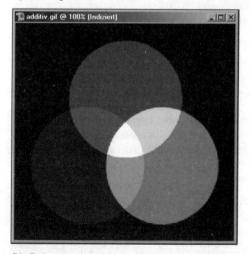

Die Farben ergeben sich aus Mischung der drei Grundfarben Rot, Grün, Blau.

Das RGB-Modell wird bei der Farbdarstellung auf Monitoren herangezogen. Bei Farbbildschirmen werden drei Phosphorarten auf der Mattscheibe aufgebracht, die von drei unabhängigen Elektronenkanonen angesteuert werden und das in drei Teilbilder (RGB) zerlegte Farbbild erzeugen. Benutzen zwei Farbbildschirme Kathodenstrahlröhren mit verschiedenem Phosphor, so ergeben sich auch unterschiedliche Farbskalen.

Das CMY-Modell

Das CMY-Modell ist ein subtraktives Farbmodell. Die Farben Cyan, Magenta und Gelb werden als subtraktive Grundfarben bezeichnet, weil man mit ihnen einen Teil des weißen Lichtes subtrahieren kann. (Cyan, Magenta und Gelb verschlucken jeweils einen Anteil des weißen Lichts. Je mehr Farbe, desto weniger Licht wird reflektiert.) Anders ausgedrückt: Farben werden definiert durch die von der Farbe Weiß abgezogenen Anteile der Grundfarben (und nicht durch deren Addition zur Farbe Schwarz wie beim RGB-Modell). Durch Yellow wird der Blauanteil aus dem Spektrum subtrahiert, durch Cyan Rot und durch Magenta Grün. Die Mischung der Farben Cyan, Magenta und Gelb zusammen ergibt Schwarz. Durch verschieden starke Mischung kann jeder Zwischenton erzielt werden.

Die Abbildung zeigt das subtraktive Modell. Es besteht aus Gelb (oben), Cyan (rechts) und Magenta (links). Die Überschneidungen ergeben Rot, Grün und Blau. In der Mitte liegt Schwarz.

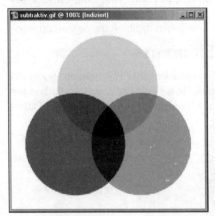

Subtrahiert man sowohl den ROT- als auch den GRÜN- und den BLAU-Anteil des weißen Lichtes, erscheint die Stelle schwarz.

Das CMY-Modell wird zur Farbausgabe auf Druckern verwendet, es entspricht dem physikalischen Vorgang der Reflexion weißen Lichts. Die beim Dreifarbendruck auf das Papier gebrachte Farbe bewirkt, dass bestimmte Farbanteile des weißen Lichts ausgefiltert und somit nicht mehr reflektiert werden.

Ein Beispiel: Die auf das Papier aufgetragene Farbe Cyan verhindert, dass rotes Licht von der Oberfläche absorbiert wird. Werden alle drei Farben auf das Papier aufgetragen, dann werden Rot, Grün und Blau absorbiert und das Resultat ist die Farbe Schwarz. Beim Farbdruck wird jedoch häufig zusätzlich schwarze Tinte eingesetzt, da sie ein dunkleres Schwarz liefert als man es durch die Mischung der drei Grundfarben erhalten würde.

Farbtiefe

Bei der digitalen Bildbearbeitung spielt die Farbtiefe (oder auch der Farbmodus) eine Rolle. Die Farbtiefe gibt an, wie viele Bit an Informationen pro Pixel gespeichert werden. Je mehr Bits gespeichert werden, desto mehr Farbabstufungen können dargestellt werden.

Wenn ein Bild zum Beispiel mit einer Farbtiefe von einem Bit gescannt wird, kann jeder Bildpunkt nur zwei Zustände annehmen, entweder Schwarz oder Weiß (0 oder 1). Wird ein Bild mit einer Farbtiefe von 2 Bits eingescannt, stehen insgesamt 4 Graustufen zur Verfügung. Nach diesem Prinzip (2 hoch Bitstufe) ergeben 3 Bit 8 Graustufen etc.

Die Farbtiefe bestimmt aber auch die Größe der erzeugten Datei. Je höher die Farbtiefe ist, desto mehr Bit müssen für ein Pixel gespeichert werden. Ein Bild mit 16 Bit-Farbtiefe und einer Größe von 10 x 10 (= 100 Pixel) ist bspw. 1600 Bit groß, das gleiche Bild mit einem Bit-Farbtiefe nur 100 Bit.

Farbmodi in Photoshop Elements

In Photoshop Elements lassen sich Bilder in unterschiedlicher Farbtiefe anzeigen. Der Standardmodus ist RGB, der eine Farbtiefe von 8 Bit für jede der drei Grundfarben hat, mithin 24 Bit. Dies bedeutet: 2^8 x 2^8 x 2^8, was die Darstellung von 16,7 Millionen Farben möglich macht (True Color).

Farbmodi in Photoshop Elements

Weitere Modi stehen zur Verfügung:

◆ Bitmap: Dieser Farbmodus hat eine Farbtiefe von einem Bit. Jedes Pixel kann lediglich den Farbwert Schwarz oder Weiß annehmen.

◆ Graustufen: Dieser Modus speichert mit einer Farbtiefe von 8 Bit, somit können 256 Grauschattierungen angezeigt werden. Jeder Bildpunkt besitzt einen Helligkeitswert zwischen 0 und Weiß.

◆ Indizierte Farben: In diesem 8-Bit-Modus werden die Bildfarben durch eine Farbtabelle (CLUT) dargestellt, die maximal 256 Farben verwendet. Die Tabelle wird beim Konvertieren eines Bildes in Indizierte Farben aufgrund der Häufigkeit der Farben im Bild ermittelt. Der Modus eignet sich insbesondere für Bilder, die für Webseiten oder Multimediapräsentationen gedacht sind, da der Speicherbedarf reduziert ist. Allerdings sind Bearbeitungen des Bildes in diesem Modus nur begrenzt möglich.

Vektor versus Pixel

Computergrafiken lassen sich in zwei Kategorien einteilen: Rasterbilder bzw. Pixelbilder, auch Bitmaps genannt, und Vektorgrafiken. Bei der Verwendung von Photoshop Elements – wie generell bei Bildbearbeitungsprogrammen – haben Sie es in erster Linie mit Pixelbildern zu tun; eine Ausnahme bilden lediglich die mit den Form-Werkzeugen erstellten Objekte. Typisch für Vektorgrafiken sind z.B. CAD-Programme oder Zeichenprogramme wie CorelDraw. Zwischen Pixelgrafiken und Vektorgrafiken gibt es einige grundlegende Unterschiede.

Vektorgrafiken

Vektorgrafiken sind aus mathematisch definierten Linien und Kurven, den so genannten Vektoren, aufgebaute Grafiken. Die Bilder werden also anhand ihrer geometrischen Eigenschaften beschrieben, d.h. aufgrund ihrer Position in einem Koordinatenkreuz, ihrem Radius etc.

Diese mathematischen Beschreibungen sind ähnlich wie eine Programmiersprache aufgebaut; der Rechner bzw. das Grafikprogramm muss die Informationen interpretieren und ausführen.

So würde eine Vektorgrafik übersetzt etwa lauten: Zeichne einen Kreis mit den und den Koordinaten (Mittelpunkt x=30mm, y=50mm; Radius=10 mm; Füllfarbe Pantone 72 mit 100%; Linienstärke etc.).

Durch diese Art der Beschreibung ist die Ausgabe größenunabhängig und kann für jede Auflösung und Größe neu berechnet werden, ohne dass dabei die Qualität vermindert wird. Die Detailtreue und die Bildschärfe bleiben auch beim Skalieren und Drucken mit anderer Auflösung erhalten.

In Photoshop Elements sind Formen (die mit den diversen Form-Werkzeugen ge-
zeichneten Formen) und Text Vektorgrafiken.

Formen und Text sind Vektorgrafiken.

Hinweis

Da Bilder auf Computerbildschirmen auf einem Pixelraster angezeigt werden, erscheinen Vektordaten auf dem Bildschirm als Pixel.

Einsatz

Vektorgrafiken eignen sich am besten zur Darstellung von Objekten mit einfachen
klaren Formen und für Grafiken, in denen Linien auch bei unterschiedlichen Größen
gestochen scharf sein müssen, wie z.B. zwingend bei technischen Zeichnungen.

Grafiken, die aus Folie am Plotter geschnitten werden (Autobeschriftungen, Werbeta-
feln), müssen unbedingt im Vektorformat vorliegen, da der Schneidplotter nur an den
Umrissen der Objekte (Schriften, Grafiken) entlangschneidet.

Auch die einzelnen Buchstaben der Truetype- und Adobe-Type-1-Schriften, die am
Computer verwendet werden, sind Vektorgrafiken.

Hinweis

Liegt eine Grafik nur als Bitmap-Grafik vor und wird aber das Vektorformat benötigt, gibt es zur Umwandlung spezielle Programme, so genannte Tracingprogramme
wie etwa CorelTrace, das ein Bestandteil von CorelDraw ist, oder ADOBE Stream-
line.

Bitmaps

Bitmaps, die auch als Rasterbilder oder Pixelgrafiken bezeichnet werden, sind das gängigste elektronische Medium für Halbtonbilder wie z.B. Fotos oder digitale Zeichnungen, da sie Schattierungen und Farben in feinen Abstufungen wiedergeben können. Sie verwenden für die Darstellung von Bildern ein Farbraster, die Pixel. Jedem Pixel ist eine bestimmte Position und ein Farbwert zugewiesen. Bei Bitmap-Bildern werden nicht Objekte oder Formen, sondern Pixel bearbeitet.

Der Nachteil: Bitmaps sind auflösungsabhängig, d.h. sie enthalten eine feste Zahl an Pixeln. Beim Skalieren auf dem Bildschirm oder Ausdrucken mit einer zu niedrigen Auflösung können daher Details verloren gehen oder Unebenheiten auftreten.

Bekannt ist der so genannte Treppeneffekt bei Pixelgrafiken. Dieser Effekt kann auftreten, wenn Sie eine Pixelgrafik soweit vergrößern, dass einzelne Pixel zu sehen sind und der Übergang zwischen den Farbtönen nicht mehr fließend wirkt.

Allmählich werden "Treppen" sichtbar.

3. Vorbereitungen und erste Schritte

Bevor es richtig zur Sache geht, sollten Sie sich ein wenig mit dem Arbeitsfenster von Photoshop Elements vertraut machen. Sofern Sie es noch nicht gewohnt sind mit einem Bildbearbeitungsprogramm zu arbeiten, werden Sie feststellen, dass es, verglichen mit Programmen wie Word oder Excel, zum Teil anders aufgebaut ist und andere Elemente und Fenster aufweist. Zum Teil ist alles aber auch so, wie Sie es – vermutlich – kennen.

Elemente des Bildschirms

Nach dem Aufrufen von Photoshop Elements werden Sie zunächst von einem bunten Fenster mit dem Photoshop Elements-Logo und einigen Optionen begrüßt. Schließen Sie dieses Fenster einfach mit dem Schließkreuz oben rechts oder der entsprechenden Schaltfläche *Startbildschirm schließen* und beginnen Sie mit der normalen Arbeitsfläche von Photoshop Elements.

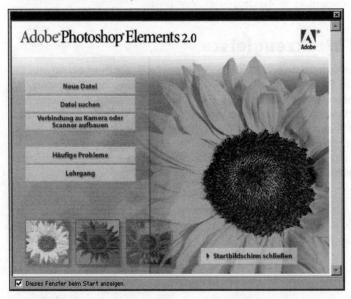

Dieses Fenster erscheint als Erstes.

Der Bildschirm von Photoshop Elements kann je nach Einstellung unterschiedlich viele Elemente anzeigen. Wenn Sie das Programm aufrufen, sehen Sie in der Regel neben der Arbeitsfläche und der üblichen Menü- und Symbolleiste mit den Standardfunktionen am oberen Rand die Standard-Werkzeugleiste links am Bildschirm sowie die Options-Leiste unterhalb der Standard-Symbolleiste. Sollten diese beiden Leisten wider Erwarten nicht angezeigt werden, aktivieren Sie sie im Menü *Fenster*.

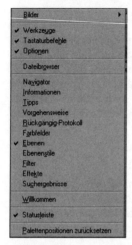

Im Menü Fenster *aktivieren Sie die Werkzeug- und Optionsleiste.*

Standard-Werkzeugleiste

Die Standard-Werkzeugleiste enthält die wichtigsten Tools zur Bearbeitung von Bildern. Der oberste Block bietet Instrumente zum Auswählen und Verschieben. Im zweiten Block finden Sie Form-Werkzeuge, Füll- und Verlaufsfarben-Werkzeuge, Mal- und Zeichen-Werkzeuge sowie den *Radiergummi* und den *Rote-Augen-Pinsel*. Darunter liegen die Instrumente, die im Wesentlichen für die Retusche von Bildern verwendet werden. Weiter unten können Sie den *Kopierstempel*, die *Pipette*, das *Hand-Werkzeug* und den *Zoom* aktivieren. Ganz unten befinden sich die Einstellmöglichkeiten der *Vorder-* und *Hintergrundfarbe*.

Schauen Sie genau hin: Viele Symbole haben links unten einen kleinen Pfeil. Dies weist darauf hin, dass sich im Menü des Symbols weitere Optionen bzw. Varianten des Werkzeugs befinden. Diese Flyouts öffnen Sie mit der rechten Maustaste oder indem Sie einen ganz kurzen Moment länger als ein normaler Mausklick auf das Werkzeug klicken.

Das Form-Werkzeug mit geöffnetem Menü

Die Standard-Werkzeugleiste

Die Werkzeugleiste kann natürlich verschoben werden, Zeigen Sie mit dem Mauszeiger einfach auf die blaue Titelleiste und ziehen Sie die Leiste mit gedrückter linker Maustaste an den gewünschten Ort.

Die Optionsleiste

Die Optionsleiste unterhalb der Standard-Symbolleiste spielt ein "Bäumchen-wechsel-dich-Spiel": Sie ändert ihr Gesicht je nach gerade aktivem Werkzeug; sie bietet also unterschiedliche Optionen an, die zu dem ausgewählten Tool gehören. Ganz links auf der Leiste wird das Symbol des aktuellen Werkzeugs angezeigt. Auch die Optionsleiste ist beweglich; um sie an eine andere Stelle auf dem Bildschirm zu befördern, führen Sie den Mauszeiger auf die kleine gepunktete vertikale Linie am linken Rand und ziehen sie wie üblich mit gedrückter linker Maustaste an den gewünschten Ort.

Die Optionsleiste

Die Statusleiste

Die Statusleiste befindet sich am unteren Rand des Bildschirms. Falls sie nicht zu sehen ist, aktivieren Sie sie im Menü *Fenster*. In der Statusleiste werden standardmäßig die Maße des aktuellen Bildes angezeigt und wenn Sie ein Werkzeug aktiviert haben, erscheint dort eine kurze Anweisung, wie Sie mit dem Werkzeug umzugehen haben.

Die Statusleiste

Der Pfeil vor dieser Anweisung öffnet ein kleines Menü, in dem Sie die Information, die angezeigt wird, umstellen können. Klicken Sie einmal auf diesen Pfeil. Sie sehen, dass Sie beispielsweise auch die Dateigröße einblenden lassen können, anstelle der Dokumentmaße.

In der Statusleiste können unterschiedliche Informationen angezeigt werden.

Paletten

Paletten spielen in Photoshop Elements eine große Rolle. Es handelt sich um kleine Fenster, die zum Teil diverse, häufig verwendete Einstellungsmöglichkeiten und Funktionen bieten, zum Teil einfach Tipps, Infos und Möglichkeiten anzeigen. Im Menü *Fenster* sehen Sie, welche Paletten Sie aktivieren können. Mit gedrückter linker Maustaste in der blauen Titelleiste können Sie die Paletten verschieben; um sie zu verkleinern oder zu vergrößern, führen Sie den Mauszeiger am besten auf das kleine gepunktete Dreieck unten rechts und ziehen mit gedrückter Maustaste nach innen oder außen.

Die meisten Paletten besitzen die Schaltfläche *Erweitert* oben rechts im Fenster. Klicken Sie auf diese Schaltfläche, öffnet sich ein Menü mit weiteren Optionen. Ein Klick auf das Schließkreuz lässt sie wieder von der Arbeitsfläche verschwinden. Je nach Einstellung landen sie dann im Palettenraum (sehen Sie dazu den nächsten Abschnitt) oder werden geschlossen. Wie bei Windows-Fenstern üblich, können Sie die Paletten auch vergrößern oder minimieren. Benutzen Sie dazu die kleine Schaltfläche neben dem Schließkreuz.

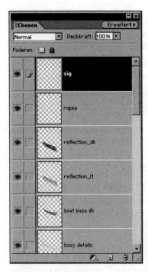

Die Ebenen-Palette

Einen guten Überblick über die Auswirkung der verschiedenen Filter bietet die Palette *Filter*. Riskieren Sie mal einen Blick.

Die Palette Filter

Werfen Sie einmal einen Blick auf die rechte Seite der Standard-Symbolleiste. Dort befindet sich der so genannte *Palettenraum*, wie der Name sagt, ein Ort, an dem man Paletten ablegen kann, um besonders schnell auf sie zugreifen zu können.

Der Palettenraum rechts in der Standard-Symbolleiste

Das Ablegen (der Profi spricht von "Andocken") einer Palette in diesem Raum funktioniert folgendermaßen:

1. Öffnen Sie die Palette gegebenenfalls im Menü *Fenster.*

2. Zeigen Sie mit der Maustaste auf das Register der Palette (Achtung: nicht auf die blaue Titelleiste, das klappt nicht!) und ziehen Sie die Palette auf den Palettenraum. Lassen Sie die Maustaste los, wenn Sie das Verbotsschildchen nicht mehr sehen. Die Palette wird an Ort und Stelle eingefügt.

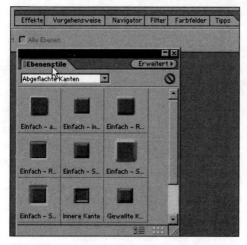

Ziehen Sie am Register in Richtung Paletten-Raum.

Sie können auch dafür sorgen, dass die Paletten nach dem Schließen per Schließkreuz automatisch im Palettenraum abgelegt werden. Klicken Sie dazu auf die Schaltfläche *Erweitert* in der Palette und wählen Sie den Befehl *Palette nach dem Schließen im Palettenraum ablegen.*

Wenn Sie nun mit einer Palette, die im Palettenraum angedockt ist, arbeiten möchten, ziehen Sie die Palette einfach mit gedrückter Maustaste aus dem Raum auf den Bildschirm oder klicken Sie einfach auf den entsprechenden Reiter, um die Palette zu öffnen.

Eine Palette im Palettenraum öffnen

Lineal und Raster

Für das präzise Arbeiten ist das Einblenden der Lineale unabdingbar, und auch ein Raster kann die Anordnung von Elementen vereinfachen. Beides aktivieren Sie im Menü *Ansicht*. (Wie Sie die Standardeinstellung von Lineal und Raster verändern, lesen Sie bitte im Abschnitt *Voreinstellungen*).

Im Menü Ansicht *finden Sie Raster und Lineale.*

Im Menü *Ansicht* finden Sie auch den Befehl *Am Raster ausrichten*.

Voreinstellungen

Die Voreinstellungen haben eine nicht unerhebliche Bedeutung auf die Arbeits- und Funktionsweise von Photoshop Elements. Es empfiehlt sich daher, ein wenig Zeit in die Anpassung der Voreinstellungen zu investieren.

Den wichtigsten Dialog für die Voreinstellungen öffnen Sie über *Bearbeiten > Voreinstellungen > Allgemeine*. Grundsätzlich werden Änderungen an den Standard-Voreinstellungen während einer Arbeitssitzung mitgespeichert. Rufen Sie Photoshop Elements erneut auf, sind die Einstellungen dann so wie Sie sie zuvor festgelegt haben.

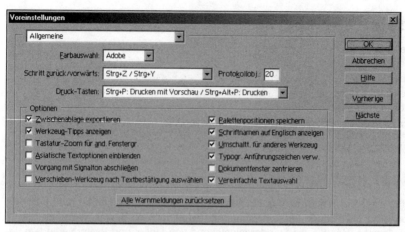

Der Dialog Voreinstellungen

Innerhalb des Dialogs können Sie festlegen, über welchen Funktionsbereich Sie bestimmte Voreinstellungen vornehmen möchten. Wählen Sie diesen Bereich in der Auswahlliste im oberen Teil des Dialoges. (Über *Bearbeiten > Voreinstellungen* und dann der jeweils gewünschten Option im Untermenü gelangen Sie übrigens direkt in die Dialoge für die verschiedenen Bereiche.) Als Erstes bietet der Dialog Optionen für den Bereich *Allgemeine*.

Allgemeine Voreinstellungen

Überblick über die wichtigsten Optionen	Funktion
Farbauswahl	Bestimmt, welche Farbauswahl für die Vorder- und Hintergrundfarbe verwendet wird. Adobe ist der standardmäßige Farbwähler. Im Farbwähler wählen Sie die Vordergrund- und Hintergrundfarbe aus einem Farbspektrum (oder definieren sie numerisch).
Zwischenablage exportieren	Mit dieser Option wird der Inhalt der Photoshop-Zwischenablage in die System-Zwischenablage kopiert. Wechselt man in ein anderes Programm, können die Daten in dieses Programm kopiert werden.
Tastatur-Zoom für and. Fensterg.	Mit dieser Option lässt sich die Größe des Bildfensters verändern, wenn Sie die Tastenkombination [Strg]+(Vergrößern) und [Strg]+(Verkleinern) drücken.
Palettenposition speichern	Wenn aktiviert, speichert Photoshop Elements die aktuellen Palettenpositionen beim Verlassen des Programms.

Voreinstellungen im Bereich Allgemeine

Dateien speichern

Im Bereich *Dateien speichern* stellen Sie im Wesentlichen ein, ob beim Öffnen von Dateien kleine Vorschaubilder zu sehen sind und wie Dateierweiterungen angezeigt werden. Mit der Option *Rückwärtskompatibilität im Photoshop-Format maximieren* wird sichergestellt, dass Sie Dokumente aus Photoshop Elements 2.0 auch in älteren Programmversionen öffnen können.

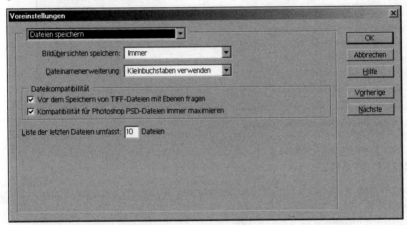

Vorsteinstellungen für Dateien speichern

Bildschirm- und Zeigerdarstellungen

Mit diesen Optionen lässt sich u.a. die Darstellung des (Malwerkzeug)-Cursors konfigurieren. Die Voreinstellung *Größe der Spitze* im Bereich *Malwerkzeuge* stellt den Cursor in der Größe und Form des jeweils ausgewählten Werkzeugs dar.

Die Option *Pixelverdoppelung verwenden* im Bereich *Anzeige* bewirkt, dass Bilder, die innerhalb einer Datei verschoben werden, zunächst unfertig bleiben und ihr normales Aussehen erst wiedererlangen, wenn der Vorgang abgeschlossen ist. Dadurch kann das Verschieben deutlich schneller gehen.

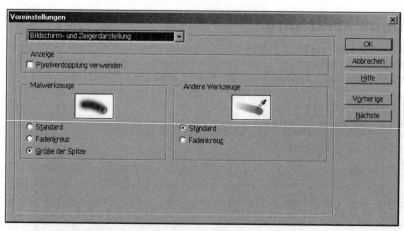

Die Einstellungen des Malwerkzeug-Cursors

Transparenz

Hier legen bzw. verändern Sie die Darstellung der Transparenz in den Ebenen. Um den Standard, das graue Kästchenmuster, zu ändern, nutzen Sie die Optionen im Bereich *Transparenz*. Außerdem können Sie hier die Farben für das Raster einstellen.

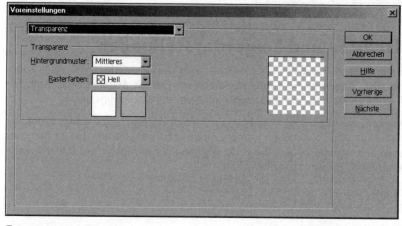

Transparenz einstellen

Maßeinheiten und Lineale

Dieser Bereich bietet neben den Optionen für die Einstellung der Maßeinheiten auch die Möglichkeit, die Standard-Spaltenbreite anzupassen. Außerdem finden Sie hier die Einstellungen der Druckauflösung und Bildschirmauflösung.

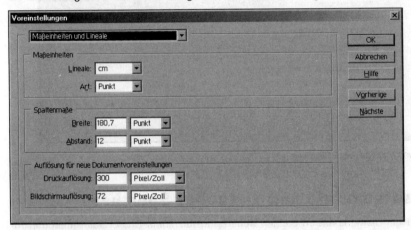

Maßeinheiten und Lineale einstellen

Raster

Ein Raster teilt ein Bild in Quadrate. Sie sind praktisch und oft unverzichtbar bei der genauen Ausrichtung von Elementen. In diesem Bereich der Voreinstellungen können Sie Einstellungen zu Farbe, Art und Abstand des Rasters vornehmen.

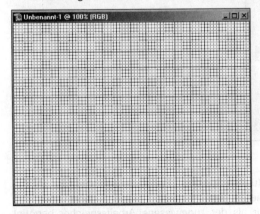

Ein Raster auf einem (leeren) Bild

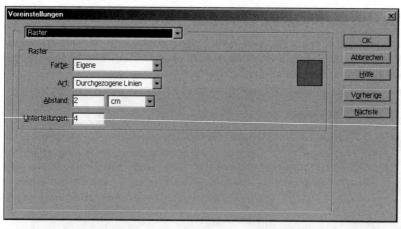

Die Einstellungen für das Raster

Zusatzmodule und virtueller Speicher

In diesem Dialog können Sie einen weiteren Zusatzmodul-Ordner auswählen (der für kompatible Zusatzmodule aus anderen Anwendungen verwendet wird). Aktivieren Sie dazu die Option *Zusätzlicher Zusatzmodule-Ordner* und klicken Sie auf die Schaltfläche *Wählen*. (Wählen Sie dabei keinen Ordner aus dem Zusatzmodule-Ordner aus.)

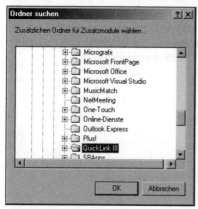

Einen Ordner wählen

Außerdem können Sie hier den virtuellen Speicher (Festplattenspeicher, der als Arbeitsspeicher verwendet wird) definieren, den Photoshop Elements dann verwendet, wenn bei der Bildbearbeitung mehr als der zugewiesene Arbeitsspeicher benötigt wird. Im Bereich *Arbeitsvolumes* im Feld *Erstes* geben Sie Ihre schnellste Festplatte mit der größten freien Speicherkapazität an. In den anderen Feldern können Sie weiteren

Arbeitsspeicher vergeben, sofern Sie über zusätzliche Festplatten verfügen. Beachten Sie, dass virtueller Speicher jedoch langsamer ist als eingebaute Speicherbausteine und dass etwa der 3- bis 5fache Speicher des aktuell geladenen Bildes erforderlich ist. Im virtuellen Speicher muss also genügend Platz zur Verfügung stehen. Wenn der Rechner sehr wenig Hauptspeicher hat, sollten Sie besser welchen nachrüsten, damit bei der Bearbeitung größerer Bilder nicht immer von der Festplatte nachgeladen werden muss.

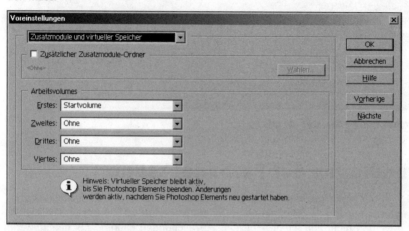

Einstellungen für den virtuellen Speicher

Arbeitsspeicher und Bildcache

Durch Bildcachierung wird der Bildaufbau beschleunigt. Sie können hier u.a. die Anzahl der Cache-Stufen festlegen, d.h. die Anzahl der Bildkopien, die im Arbeitsspeicher gespeichert wird, um auf dem Bildschirm kleinere Ansichten darstellen zu können. Die Maximaleinstellung *8* verwenden Sie bei der Arbeit an großen Bildern (und bei genügend RAM).

Die Aktivierung der Option *Cache für Histogramm verwenden* (Diagramm über die Helligkeitswerte eines Bildes) ist nicht unbedingt zu empfehlen, da mit dieser Methode das Histogramm zwar schnell, aber ungenau erzeugt wird.

Im Bereich *Speicherbelegung* weisen Sie die Speicherkapazität zu, die von Photoshop Elements genutzt werden darf. Denken Sie daran, dass Bildbearbeitung ein gefräßiges Ungeheuer ist – geizen Sie also nicht mit Speicher. Die Voreinstellung von *50%* sollten Sie fürs Erste beibehalten.

Photoshop Elements macht Sie freundlicherweise darauf aufmerksam, dass eventuelle Änderungen erst nach einem Neustart aktiv werden.

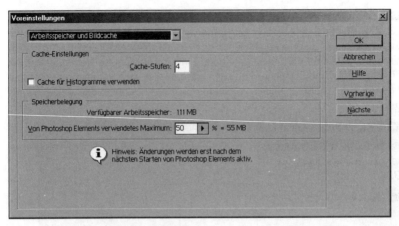

Arbeitsspeicher und Bildcache einstellen

Grundlagen der Farbanpassung

Es liegt in der Natur des menschlichen Auges, dass Farben unterschiedlich wahrge-
nommen werden. Bei den Geräten eines Computersystems verhält es sich ähnlich, die
Farben werden nicht konsistent angezeigt. Abweichungen kann es z.B. geben, wenn
ein Bild von einem Gerät auf ein anderes übertragen wird, so etwa vom Monitor zum
Drucker, oder vom Scanner zum Rechner, da jedes Gerät einen unterschiedlichen
Farbumfang reproduziert.

Um sich gegen solche unschönen Überraschungen zu schützen, bietet Photoshop
Elements das Farbmanagementsystem an. Es sorgt für konsistente Farben zwischen
den verschiedenen Ein-/ Ausgabe- und Anzeigegeräten. Wenden Sie es an, sollte das
Bild außerdem farblich identisch aussehen, wenn Sie es auf verschiedenen Monitoren
oder unter verschiedenen Anwendungen/Betriebssystemen betrachten.

Hinweis

Das Farbmanagementsystem wurde übrigens von Photoshop quasi übernommen,
ist also ziemlich ausgeklügelt, da es auch die Ansprüche der Profi-Designer und
-Fotografen zufrieden stellen muss!

Farbmanagement zuweisen

Wenn Sie einer Datei das Farbmanagement zuweisen möchten, wählen Sie zunächst
den Typus des Farbmanagements: Es gibt eingeschränkte und vollständige.

1.   Öffnen Sie die Datei und wählen Sie im Menü *Bearbeiten* den Eintrag *Farbein-
      stellungen.*

Farbmanagement wählen

2. Entscheiden Sie sich im Dialog *Farbeinstellungen* für eine der Optionen. Wie Sie sehen, ist die dritte Option ideal für den Ausdruck.

3. Speichern Sie das Bild nun mit dem ICC-Profil. Öffnen Sie dazu den Dialog *Speichern unter*, markieren Sie die Datei und aktivieren die Option *ICC-Profil Adobe RGB*.

Das ICC-Profil wählen Sie im Dialog Speichern unter.

Damit ist diese Datei mit dem Farbprofil verbunden, es ist ein "Bild mit Tags" im Gegensatz zu einem "Bild ohne Tags". Die einzelnen Geräte erkennen das Profil und stellen die Farben anhand der Profileinstellungen dar. Ändert sich das Profil, würde sich konsequenterweise auch das Aussehen des Bildes ändern.

Den Monitor einstellen – Kalibrierung

Der sicheren standardisierten Farbdarstellung dient auch die Monitorkalibrierung. Da ein entsprechendes Programm mit Photoshop Elements mitgeliefert wird, ist dies ein recht einfacher Vorgang – zumal ein "Assistent" Sie durch das Prozedere führt. Sie müssen nur daran denken, den Monitor entsprechend vorzubereiten. Drei Schritte sind vorab wichtig:

◆ Der Monitor sollte mindestes schon 30 Minuten eingeschaltet sein, weil sich bei einigen Monitoren die Farbdarstellung verändert, wenn die Bildröhre warm wird.

◆   Als Desktop-Hintergrund sollten Sie ein neutrales Grau einstellen.

◆   Die Anzeige des Monitors ist auf eine 16-Bit Farbpalette eingestellt (*Anzeige* > *Einstellung*).

So beginnen Sie mit der Kalibrierung:

Rufen Sie die Systemsteuerung auf und klicken Sie auf *Adobe Gamma*.

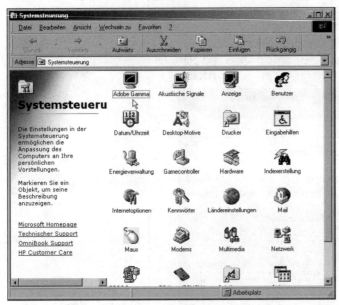

Adobe Gamma finden Sie in der Systemsteuerung.

1.   Wählen Sie im ersten Dialog *Step By Step (Wizard)* und klicken Sie auf *Weiter*.

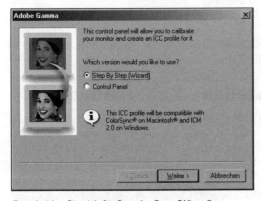

Entscheiden Sie sich für Step-by-Step (Wizard).

2. Nachdem Sie im nächsten Dialog einen Namen vergeben haben, stellen Sie die Helligkeit und den Kontrast am Monitor entsprechend der Anleitung ein.

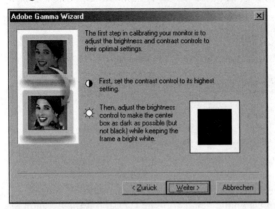

Helligkeit und Kontrast einstellen

3. Der folgende Dialog zeigt das aktuelle Profil der Phosphorfarben an. Sie können hier gegebenenfalls ein anderes Profil einstellen.

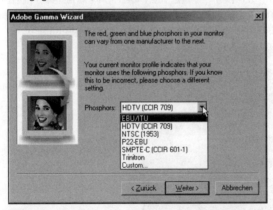

Stellen Sie notfalls ein anderes Profil ein.

4. Nach einem Klick auf *Weiter* stellen Sie im nächsten Dialog die Helligkeit der Mitteltöne ein. Benutzen Sie gegebenenfalls den Schieberegler, um die aktuelle Einstellung zu ändern. Die Einstellung ist dann korrekt, wenn Sie am Vorschaubereich den Eindruck haben, dass das innere Quadrat in den Rahmen aus Linien "hineinrutscht".

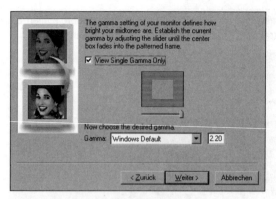

Die Helligkeit der Mitteltöne einstellen

5. Sodann wird der Weißton des Monitors definiert. Sie können die Einstellung ändern, indem Sie aus dem Listenfeld einen anderen Weißton wählen. Wenn Sie auf die Schaltfläche *Measure* klicken, erhalten Sie zunächst einen erklärenden Dialog und danach einen schwarzen Bildschirm mit drei Rechtecken. Ein Klick auf das linke Rechteck macht den Weißton kühler, ein Klick auf das rechte Rechteck macht ihn wärmer. Wenn Sie den gewünschten Weißton eingestellt haben, klicken Sie auf das mittlere Rechteck, um die Einstellung zu übernehmen. Sie müssen übrigens ziemlich genau hinschauen, es sind sehr feine Abstufungen!

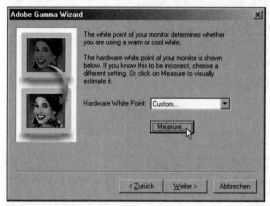

Die Weißtöne definieren

6. Zu guter Letzt können Sie anhand des Vorschau-Bildchens die Auswirkungen der neuen Einstellungen betrachten. Klicken Sie dann auf *Fertig stellen*. Automatisch wird der Dialog zum Speichern des Profils angezeigt.

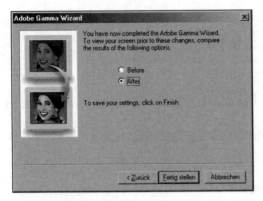

Die Einstellungen abschließen

Bilder importieren

Nachdem Sie sich ein wenig mit dem Bildschirm vertraut gemacht und eventuell die Voreinstellungen angepasst haben, können Sie im Prinzip loslegen. Sie brauchen nur noch ein paar Fotos oder Bilder, an die Sie Hand anlegen möchten. Digitalkameras sind zwar auf dem Vormarsch, aber weitaus gängiger ist nach wie vor das Einscannen von Bildern, nicht zuletzt auch deshalb, weil der Preisverfall für Scanner in den letzten Jahren rasant war. So gehören Scanner heutzutage schon fast zur Standardausrüstung eines Computers im Bereich der Peripheriegeräte.

Was passiert beim Scannen?

Scanner sind bekanntlich Geräte zum Einlesen von Vorlagen (Texte, Bilder, Fotos, Dias etc.), wobei die Vorlagen mit lichtempfindlichen CCD-Sensoren abgetastet und die daraus gewonnenen Signale in digitale Daten umgewandelt werden. Der Scanner zerlegt die Vorlage in eine Matrix von Bildpunkten und erfasst jeden Bildpunkt einzeln. Das Ergebnis sind dann so genannte Pixelgrafiken.

Entscheidend für die Qualität bzw. die Leistungsfähigkeit eines Scanners ist die Farbtiefe (sie gibt an, wie viele Farben der Scanner erkennen kann) und die Auflösung (gibt – salopp gesagt – an, wie genau der Scanner das Bild erkennen kann, ausgedrückt im ppi-Wert (ppi = Pixel per inch)). Manche Scannerhersteller geben die Auflösung auch in dpi (dots per inch, also Punkte pro Zoll) an, was das gleiche bedeutet.

Einstellungen beim Scannen

Zum Einlesen der Vorlage benutzt der Rechner ein Tool namens TWAIN. Bei TWAIN, das übrigens für "Tool without any Interesting Name" steht, handelt es sich um eine standardisierte Software-Schnittstelle, über die es möglich ist, auf einen Scanner (und andere Hardware-Komponenten) von verschiedenen Programmen aus zuzugreifen. Alternativ können eingescannte Fotos direkt importiert werden, wenn der Scanner über ein Photoshop Elements-kompatibles Zusatzmodul verfügt. Ist das der Fall, gehen Sie folgenden Weg:

1. Öffnen Sie das Menü *Datei.*

2. Zeigen Sie auf *Importieren* und wählen Sie im Untermenü den Namen des angeschlossenen Scanners.

3. Sogleich öffnet sich das Arbeitsfenster der Software des Scanners.

Diese Scanner-Software unterscheiden sich je nach Scanner. Die Programme erlauben unterschiedlich viele Einstellungen. In der Regel können Sie die Art der Vorlage auswählen, die Auflösung festlegen und einen Vorschau-Scan erzeugen. Anhand des Vorschau-Scans ist es dann möglich, den Kontrast und die Helligkeit zu korrigieren bzw. zu verändern. Vor dem Haupt-Scan können Sie dann gegebenenfalls noch den Ausschnitt wählen, den Sie scannen möchten. Dies erfolgt in der Regel, indem Sie einfach bei gedrückter linker Maustaste in der Vorschau den gewünschten Bereich aufziehen, der gescannt werden soll. Nach allen Einstellungen klicken Sie auf die Schaltfläche zum Scannen und speichern das gescannte Bild auf dem Rechner.

Ein Bild einscannen

Hinweise zur Auflösung

Allgemein ist mit der Auflösung die Menge der in einer Bilddatei enthaltenen Details und Informationen gemeint; somit beschreibt sie auch die Fähigkeit eines Eingabe-, Ausgabe- oder Anzeigegeräts, Details darzustellen. Die Maßeinheiten für die Auflösung sind in der Regel ppi (pixel per inch), dpi (dots per inch) oder lpi (lines per inch). Die Basis ist also ein Inch (Zoll), es entspricht 2,24 cm. Soundsoviel dpi sagen also aus: Soundsoviele Bildpunkte werden auf einer Strecke von einem Zoll verwendet.

Bei einem Bild gibt die Auflösung an, aus wie vielen einzelnen Bildpunkten es in der Breite und Höhe besteht. Über die richtige Auflösung wird oft nachgegrübelt. Dabei kann man die Frage, welche Auflösung jeweils die beste ist, kaum pauschal beantworten, es kommt u.a. auf die Vorlage an, auf den Einsatzzweck und auf die beabsichtigte Bildgröße (soll es nach dem Scannen vergrößert oder verkleinert werden). Eine hohe Auflösung ist sehr speicherintensiv (jeder Pixel wird gespeichert), garantiert aber im Prinzip die beste Qualität, so gesehen ist oft ein Kompromiss der gangbarste Weg, um die Festplatte nicht unnötig zu belasten.

Es gibt ein paar Faustregeln:

Für die Ausgabe auf Ihrem Drucker ist dessen Qualität/Auflösung ausschlaggebend. Testen Sie am besten verschiedene Bilder mit unterschiedlichen Auflösungen aus, z.B. 72 dpi, 150 dpi und 300 dpi. Vergleichen Sie anschließend die Ausdrucke, um zu bestimmen, in welcher Auflösung Sie dem Drucker das endgültige Bild schicken müssen.

Meistens reicht hier eine Auflösung von 150 dpi aus. Um die Auflösung für das Scannen zu bestimmen, ziehen Sie jetzt in Betracht, wie Sie das gescannte Bild bearbeiten wollen. Möchten Sie z.B. einen Ausschnitt doppelt so groß darstellen, ist es ratsam, das Bild mit 300 dpi einzuscannen, sodass durch das Vergrößern kein Qualitätsverlust entsteht. Entsprechend können Sie, wenn Sie Bilder verkleinern möchten, mit geringerer Auflösung einscannen.

Sollen die Bilder für das Internet verwendet werden, ist es gängig und ausreichend, die Bilder mit einer Auflösung von 72 dpi zu scannen (bedenken Sie hier auch, ob Sie das Bild verkleinern oder vergrößern möchten). Prinzipiell ist es bei Bildern für das Internet wichtig, die Dateigröße möglichst klein zu halten, da die Ladezeiten ansonsten zu lang sind.

Hinweis

Im Internet gibt es Webseiten, die einen kostenlosen Optimierungsservice für Grafiken anbieten z.B. http://www.netmechanic.com. Die Ergebnisse liefern mitunter erstaunliche Verkleinerungen der Bilddatei ohne merklichen Qualitätsverlust.

Dateien öffnen

Um ein eingescanntes Bild auf die Arbeitsoberfläche von Photoshop Elements zu zaubern, brauchen Sie es lediglich zu öffnen. Klicken Sie also auf das Symbol *Öffnen* (oder *Datei > Öffnen*), lokalisieren Sie die Datei auf der Festplatte, markieren Sie sie und klicken Sie auf *Öffnen*. Schön ist, dass Sie, sobald Sie eine Datei markiert haben, eine Miniaturausgabe des Bildes im Dialogfenster sehen. Achten Sie gegebenenfalls darauf, dass Sie im Feld *Dateityp* die Option *Alle Formate* eingestellt haben. (Hinweise zu den Dateitypen bzw. Dateiformaten enthält der nächste Abschnitt.)

Eine Datei öffnen

Beim Öffnen einer Datei kann es sein, dass Sie zunächst einen Hinweis erhalten, dass die Datei nicht über ein eingebettetes Farbprofil verfügt. Sie können dem Bild hier den RGB-Arbeitsfarbraum zuweisen oder ein Profil. Die Meldung taucht dann nicht wieder auf.

Ganz nach Wunsch können Sie nun die geöffnete Datei maximieren, klicken Sie einfach auf das Symbol links neben dem Schließkreuz.

Praktisch: Sofern Sie bereits Bilder geöffnet hatten, können Sie ganz rasch wieder auf sie zugreifen, indem Sie im Menü *Datei* auf *Letzte Dateien öffnen* zeigen. Im Untermenü finden Sie eine Auflistung der zuletzt geöffneten Dateien.

Der Dateibrowser

Eine sehr schöne Funktion ist der Dateibrowser, mit dem Sie die Dateien eines Ordners zusammen betrachten, eine auswählen und öffnen können. Außerdem erhalten Sie zusätzliche Informationen zur aktuell markierten Datei.

1. Öffnen Sie das Menü *Fenster* und wählen Sie *Dateibrowser*.

2. Wandern Sie im linken oberen Bereich des Fensters zu dem Ordner, der die Bilder enthält, die Sie sich anzeigen lassen möchten. Sobald Sie den Ordner geöffnet haben, erscheinen im rechten Bereich die Vorschau-Bildchen.

3. Um ein Bild zu öffnen, klicken Sie es einfach mit einem Doppelklick an.

Im Dateibrowser kann man Bilder betrachten und öffnen.

Wenn Sie die Schaltfläche *Erweitert* anklicken, erhalten Sie ein Menü mit diversen Optionen. Sie sehen, dass sich auch der Dateibrowser an den Palettenraum andocken lässt, dass Sie alle Dateien gleichzeitig auswählen können und dass Sie Bilder auch hier drehen können.

Das Menü im Dateibrowser

Stapel verarbeiten im Dateibrowser

Eine feine Sache ist die Stapelverarbeitung, die direkt hier im Dateibrowser angeboten wird. Hier können Sie Dateien in einem Rutsch umbenennen. Markieren Sie dazu die Bilder per Mausklick und halten Sie dabei die (Strg)-Taste gedrückt.

Klicken Sie auf die Schaltfläche *Erweitert* und wählen Sie *Stapel umbenennen*. Im gleichnamigen Dialog klicken Sie gegebenenfalls auf die Schaltfläche *Durchsuchen*, wenn Sie die Dateien auch in andere Ordner schieben möchten.

Im Bereich *Dateibenennung* geben Sie im linken Feld einen Namen ein und öffnen im Feld daneben per Klick auf den Pfeil die Auswahlliste. Hier bestimmen Sie, wie der Dateiname ergänzt werden soll, da er ja nicht für alle Dateien identisch sein darf. Klicken Sie dann auf *OK*.

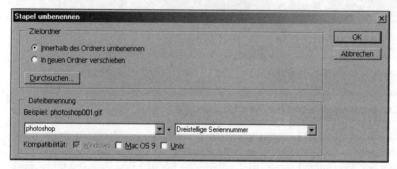

Dateien in einem Rutsch umbenennen

Dateiformate

Die Welt der Dateiformate ist ziemlich bunt, vor allem bezogen auf Bilddateien. Je nach Herkunft bzw. der Art, wie sie abgespeichert wurden, liegen sie in den unterschiedlichsten Dateiformaten vor. Das jeweilige Dateiformat erkennen Sie an der – in der Regel aus drei Buchstaben bestehenden – Erweiterung des Dateinamens, also beispielsweise "Pool.tif", wobei TIF die Erweiterung ist.

Erfreulicherweise kann Photoshop Elements – so wie viele andere Bildbearbeitungsprogramme auch – mit ziemlich vielen Dateiformaten umgehen, sprich: sie öffnen und bearbeiten, da es über die entsprechenden Filter verfügt. Mit "Filter" sind in diesem Zusammenhang die mitgelieferten Konvertierungsmöglichkeiten gemeint, die dafür sorgen, dass Photoshop Elements auch Fremdformate lesen kann.

Welche Formate Photoshop Elements verarbeiten kann, können Sie überprüfen, wenn Sie das Listenfeld *Dateityp* im Dialog *Öffnen* anzeigen lassen.

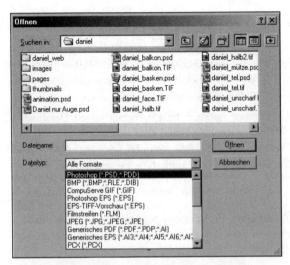

Dateiformate, die Photoshop Elements öffnen kann

Überblick über die Formate

Wie schon in dem *Kapitel 2: Grundlagen der Bilderwelt* kurz beschrieben, unterscheidet man unter dem Aspekt der Erstellung einer Grafik zwei Kategorien: Pixelgrafiken und Vektorgrafiken. Bei Photoshop Elements haben Sie es in der Regel mit Pixelgrafiken zu tun, mitunter aber auch mit dem Vektorformat.

In dem folgenden Abschnitt finden Sie einen kurzen Abriss der wichtigsten Pixelgrafik-Formate, mit denen Photoshop Elements umgehen kann.

Pixelgrafik-Formate

PSD: Naturgemäß haben Sie meistens PSD-Dateien vor sich, denn dies ist das Photoshop Elements-eigene Format. Wenn Sie eine Datei nicht bewusst in ein anderes Format exportieren, speichern Sie in diesem Format. Vorteil: Das Format verwendet verlustfreie Komprimierung.

PSD ist das Standard-Format.

BMP: BMP ist das standardmäßige Windows-Bitmap-Format, das speziell für den programmübergreifenden Austausch von Grafik-Dateien von Microsoft entwickelt wurde. Jedes Windows-kompatible Programm sollte mit diesem Format umgehen können. Sie kennen das Format vielleicht auch von dem kleinen in Windows integrierten Zeichen-Tool Paint. Es erzeugt das BMP-Format. Da bei der Speicherung in diesem Format keine Komprimierungstechnik angewendet, d.h. jeder Bildpunkt abgespeichert wird, sind die Dateien allerdings unhandlich groß. Es kann aber auch von sehr vielen Grafikprogrammen auf nicht-Windows-Betriebssystemen gelesen werden und ist daher sehr gut für den Datenaustausch geeignet.

GIF: Das GIF-Format ist das derzeit noch gebräuchlichste Format für die Darstellung von indizierten Farbbildern in HTML-Dateien im World Wide Web und anderen Online-Diensten. (Sehen Sie dazu auch das *Kapitel 6: Spiel mit Licht und Farben*, Abschnitt *Den Farbmodus ändern.*) GIF-Bilder verwenden LZW-Komprimierung (verlustfreie Komprimierung). Das Format ist besonders geeignet für Bilder mit Flächen, die ein und dieselbe Farbe haben, z.B. Logos, einfache Buttons etc. Webdesigner lieben es auch deshalb, weil das Format Transparenz unterstützt. Allerdings könnten GIF-Bilder nur maximal 256 Farben enthalten. Bei Grafiken mit mehr Farben, die als GIF-Dateien gespeichert werden, müssen daher die Anzahl Farben reduziert werden, was auch einen Qualitätsverlust zur Folge hat.

JPEG (oder jpg): JPEG ist das Kürzel für Joint Photografic Experts Group. Das Format ist eines der populärsten Komprimierungsstandards für Fotos und Bilder. Es wurde speziell für zwei Zwecke entwickelt: zum Komprimieren und für die Verwendung im World Wide Web. Im Gegensatz zu GIF-Bildern verwendet JPG allerdings verlustreiche Komprimierung: Die Dateigröße wird reduziert, indem bestimmte Daten gelöscht werden. Wenn ein JPG-Bild geöffnet wird, wird es automatisch dekomprimiert. In JPEG-Dateien können allerdings sehr viel mehr Farben gespeichert werden, als in GIF-Dateien, weshalb das Format vor allem zur Speicherung von Bilder mit vielen Farben geeignet ist.

EPS: Hinter diesem Format verbirgt sich eine Erweiterung des auch von Adobe entwickelten PostScript-Formats (PS). PS wiederum wurde ursprünglich eingeführt als Format, das geräteunabhängig mit Druckern kommunizieren kann.

PCX: PCX ist ein altes Grafikformat und somit gehört es zu den Standardformaten in der Bildbearbeitung. Es wird von dem Mal- und Zeichenprogramm PC Paintbrush, einem der Pioniere unter den Grafikprogrammen, standardmäßig erzeugt. Es wird zum Teil noch für den Datenaustausch genutzt, doch es gibt bessere Alternativen. Vorteil: Auch Vektorprogramme kennen das Format.

PDF: Bei diesem Format ist die Bezeichnung Programm: Portable Document Format. Es erlaubt einen vom Rechner unabhängigen Datenaustausch. Zum Lesen von PDF-Dateien verwendet man den Acrobat Reader, eine Software, für die Sie nicht in die Tasche greifen müssen: Sie wird kostenlos verbreitet. Sie finden dieses Format vor allem im World Wide Web und auf den CD-ROMs vieler Software-Hersteller. Für den Online-Austausch hat sich dieses Format quasi zum Standard entwickelt.

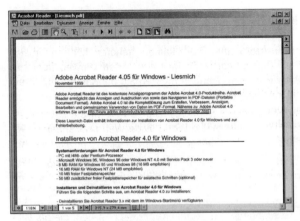

Das kostenlose Anzeige-Programm Acrobat Reader

PNG: Dieses Format, das in HTML-Dateien für das WWW verwendet werden kann, befindet sich auf dem Vormarsch. Es kann sehr präzise, wie in Fotoqualität, Helligkeiten und Farbtöne wiedergeben, aber ebenso die Feinheiten einer Strichzeichnung. Es verwendet verlustfreie Komprimierung. PNG unterstützt – wie das GIF-Format – Transparenz und sogar abgestufte Transparenzeffekte.

TIFF: Dies ist die Abkürzung für Tagged-Image File Format. Fast alle Desktop-Scanner produzieren TIFF-Bilder. So gesehen stammt das Format nicht aus einem speziellen Grafikprogramm, was für seine einzigartige Flexibilität sorgt und es zu einem weit verbreiteten Standard innerhalb der Bildbearbeitung macht. Es wird vielfach dazu verwendet, Dateien zwischen unterschiedlichen Programmen und Plattformen auszutauschen. Bilder im TIFF-Format können (beispielsweise) auch in Word-Dateien eingefügt werden. (Dies gilt aber auch für andere Formate wie z. B. für GIF-Bilder oder JPG-Bilder.)

TIFF-Dateien können in Word-Dateien eingefügt werden.

Bilder von der Digitalkamera

Wenn Sie zu den glücklichen Besitzern einer Digitalkamera gehören, können Sie sich – sofern Sie die fotografierten Bilder bearbeiten möchten – den Umweg über das Scannen natürlich sparen. Aber wie beim Scannen müssen Sie die Kamera mit Ihrem Computer verbinden, die mit der Kamera mitgelieferte Übertragungssoftware stellt dann die tatsächliche Verbindung her. Die Software und der Treiber müssen vorher natürlich installiert sein. Beim Installieren können Sie einfach den Anweisungen der mitgelieferten Software folgen.

Diese Übertragungssoftware starten Sie im Menü *Datei* mit dem Befehl *Importieren* und dem Eintrag der Kamera im Untermenü oder per Symbol *Importieren* in der Symbolleiste.

Übertragungssoftware der Kamera

In der Regel ist leicht zu erkennen, wie Sie die im Speicher der Kamera befindlichen Fotos auf den Rechner übertragen.

Den Zoom benutzen

In Photoshop Elements geöffnete Bilder können in unterschiedlichen Vergrößerungen oder Verkleinerungen angezeigt werden oder aber in der Originalgröße mit allen Pixeln. Die maximale Vergrößerungsstufe liegt übrigens bei 1600%, die maximale Verkleinerung bei einem Pixel. Der Vergrößerungs- bzw. Verkleinerungsfaktor wird in der Titelleiste des Bildes jeweils angezeigt.

Abgesehen von dem *Zoom-Werkzeug*, mit dem sich Bilder per Mausklick jeweils auf die nächste Stufe ein- und auszoomen lassen, finden Sie die entsprechenden Befehle und Einstellungsmöglichkeiten in der Optionsleiste des *Zoom-Werkzeugs* und/oder im Menü *Ansicht*. Um die Optionen der Optionsleiste zu sehen, müssen Sie das Symbol *Zoom-Werkzeug* in der Werkzeugleiste aktivieren.

Die Optionsleiste des Zoom-Werkzeugs

Außerdem bietet die Palette *Navigator* die Möglichkeit, ein Bild stufenlos per Schieberegler ein- und auszuzoomen oder den gewünschten Faktor auch direkt in ein Textfeld einzutragen. Dazu verschieben Sie einfach mit gedrückter Maustaste den Schieberegler nach rechts bzw. nach links. Sie sehen die Auswirkung unmittelbar am Bild. Wenn Sie den Mauszeiger in den aktuell angezeigten Bildausschnitt setzen, verwandelt er sich automatisch in ein Händchen; nun können Sie mit gedrückter Maustaste den Bereich verschieben.

Das Menü Ansicht

Die Palette Navigator

Zoom-Optionen

In der Optionsleiste des *Zoom-Werkzeugs* entdecken Sie die Option *Fenstergröße an-passen*. Ist diese Option deaktiviert, bleibt die Fenstergröße konstant, egal welche Zoomstufe Sie einstellen. Ist die Option aktiviert, wird das Fenster beim Vergrößern bzw. Verkleinern automatisch angepasst. Das ist nicht immer das "Gelbe vom Ei", es kommt aber darauf an, was Sie machen möchten.

Das Bild mit der Option Tatsächliche Pixel, Fenstergröße anpassen *deaktiviert*

Das Bild mit der Option Tatsächliche Pixel, Fenstergröße anpassen *aktiviert*

Ganzes Bild

Mit der Option *Ganzes Bild*, die Sie in der Optionsleiste des *Zoom-Werkzeugs* finden (oder im Menü *Ansicht*), werden der Zoomfaktor und die Fenstergröße an den verfügbaren Platz auf dem Bildschirm angepasst. Das sieht dann so aus:

Die Ansicht Ganzes Bild

Tatsächliche Pixel

Die Option *Tatsächliche Pixel* in der Optionsleiste des *Zoom-Werkzeugs* (oder im Menü *Ansicht*) zeigt – wie der Name sagt – die Gesamtzahl der Pixel des Bildes. Der Zoomfaktor ist dann 100%. Ist die Option *Fenstergröße anpassen* aktiviert, kann das Bild am Bildschirm entsprechend groß werden.

Mehrere Bilder am Bildschirm

Wie bei vielen Programmen können Sie natürlich mehrere Bilder gleichzeitig geöffnet haben. Welche Bilder geöffnet sind, wird im Menü *Fenster* im Untermenü von *Bilder* angezeigt; hier können Sie mit den entsprechenden Befehlen auch für die Anordnung der Bilder sorgen, und alle geöffneten Bilder mit einem Schlag schließen. Natürlich können Sie die Bilder manuell verschieben, wenn Sie mit dem Mauszeiger auf die blaue Titelleiste zeigen und mit gedrückter Maustaste ziehen. Zum Vergrößern bzw. Verkleinern der Fenster stehen wie üblich die Symbole (*Maximieren/Minimieren*) neben dem Schließkreuz zur Verfügung.

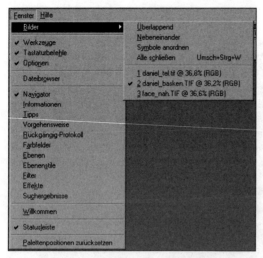

Die geöffneten Dateien werden hier angezeigt.

4. Elementare Bildbearbeitung

Mit ein bisschen Glück ist ein Bild nach dem Einscannen bzw. der Übertragung von der Digitalkamera so, dass Sie rundherum zufrieden sind. Oft ist das aber nicht der Fall und Sie müssen ein wenig nachhelfen. Unabhängig von der sonstigen Qualität eines Bildes kann das damit anfangen, dass das Bild gerade gerückt werden sollte, weil es eine leichte Schieflage aufweist, dass ein Rand entfernt werden soll, oder dass Sie nur einen Ausschnitt des Bildes benutzen möchten. Dies alles sind Aufgaben, die Photoshop Elements spielend bewältigen kann.

> **Hinweis**
>
> Bevor Sie mit der Bildbearbeitung anfangen ist es sinnvoll, das Bild zu duplizieren. Dann behalten Sie das Original und können mit dem Duplikat experimentieren. Sie finden den Befehl im Menü *Bild*.

Auch wenn wir an dieser Stelle eigentlich noch nicht über Ebenen reden, möchten, müssen wir auch hier schon drauf hinweisen, dass Bilder aus mehreren Ebenen bestehen können, und dies Konsequenzen für die Bearbeitung hat. Für bestimmte Aktionen ist es notwendig, entweder den Hintergrund in eine Ebene zu wandeln (Sie erhalten dann von Photoshop Elements einen Hinweis) und/oder darauf zu achten, dass die richtige Ebene, also der Bildteil, den Sie bearbeiten, aktiviert ist. Sie sollten also die Ebenen-Palette anzeigen lassen (*Fenster > Ebenen*) und notfalls die richtige Ebene durch Mausklick auf die Miniatur markieren. Alle weiteren Erklärungen finden Sie im *Kapitel 8: Der Umgang mit Ebenen*.

> **Hinweis**
>
> Es kommt immer wieder vor, dass Sie etwas probieren möchten und es funktioniert einfach nicht. Das kann daran liegen, dass die falsche Ebene markiert ist.

"Verrückte" Bilder

Die Befehle, die mit gerade rücken, drehen, neigen etc. zusammenhängen, finden Sie im Menü *Bild*. Es gibt die Möglichkeit, die Schieflage von Bildern zu korrigieren, genauso gut können Sie aber auch Bilder bewusst in eine andere Lage bringen, auf den Kopf stellen oder sie – beispielsweise – *perspektivisch verzerren*.

Bilder ausrichten

Liegt das Bild nur ein wenig schief, können Sie es selbst ein kleines Stückchen in die richtige Richtung drehen.

1. Klicken Sie auf das Menü *Bild*.
2. Wählen Sie den Befehl *Drehen*.
3. Wählen Sie im Untermenü *Eigene* aus.
4. Tragen Sie hier den gewünschten Winkel ein.

Ein Bild frei drehen

Sie erhalten einen kleinen Dialog, in dem Sie den Winkel und die Richtung eingeben. Haben Sie nicht den richtigen Winkel erwischt, wiederholen Sie das Prozedere bis Sie zufrieden sind. Alternativ können Sie sich auf Photoshop Elements verlassen und im Untermenü von *Bild > Drehen* den Befehl *Bild gerade ausrichten* oder *Bild gerade ausrichten und freistellen* verwenden (Über das Freistellen selbst lesen Sie im Abschnitt *Bilder beschneiden – Freistellen* in diesem Kapitel). Mit dieser Anweisung stellt Photoshop Elements das Bild wie von Zauberhand selbst gerade und schneidet dabei überflüssige Ränder, die durch das Verrücken entstehen, gleich mit ab. Der Vorgang kann ein bisschen dauern, haben Sie also etwas Geduld.

Das Bild vor dem gerade Ausrichten und Freistellen – achten Sie auf den rechten weißen Rand.

Die korrigierte Version

Auf den Kopf stellen etc.

Sie sehen, dass das Untermenü von *Bild > Drehen* noch einige andere Befehle enthält, so können Sie hier auch Bilder im Nu auf den Kopf stellen (Befehl *180°*), quer legen oder auch frei drehen.

Zum freien Drehen mit der Maus wählen Sie *Bild > Drehen > Ebene frei drehen*.

Dadurch erhält das Bild einen Begrenzungsrahmen (Denken Sie daran, das Arbeitsfenster unter Umständen zu maximieren, Sie sehen dann den Rahmen bzw. den Mauszeiger besser). Positionieren Sie nun den Mauszeiger neben den Begrenzungsrahmen (der Mauszeiger wird zu einem gebogenen Doppelpfeil), und ziehen in die gewünschte Richtung. Schließen die Aktion mit der (⏎)-Taste ab oder mit dem Bestätigungs-Häkchen in der Optionsleiste.

Solange Sie die Aktion nicht bestätigt haben, können Sie das Bild jederzeit mit dem Symbol neben dem Häkchen, das aussieht wie ein Verbotsschildchen, wieder in den Ursprungszustand zurückversetzen.

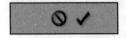

Bestätigen und abbrechen

Ein Bild frei drehen

Die Bildgröße ändern

Oft ist die aktuelle Größe des Bildes nicht die optimale Größe. Vielleicht haben Sie mit dem Freistellungswerkzeug einen Bildbereich ausgewählt, den Sie jetzt vergrößern möchten oder das Bild lag ohnehin nicht in der richtigen Größe vor.

Bildgröße und Auflösung

Die Bildgröße zu verändern, ist im Prinzip schnell getan, allerdings sollten Sie ein paar Zusammenhänge bedenken.

Sie können bei der Veränderung der Bildgröße die neue Größe in absoluten Werten angeben, Photoshop Elements ändert bei entsprechender Einstellung die Auflösung automatisch, die Menge der Bilddaten im Foto bleibt erhalten. Sie können auch eine Neuberechnung veranlassen; dies wirkt sich in der Regel aber nachteilig auf die Qualität des Bildes aus, denn bei einem Bild mit niedriger Auflösung verliert das Bild durch das Hinzufügen von Pixeln (Interpolation) an Schärfe, bei einem Bild mit hoher Auflösung fallen durch die Reduzierung von Pixeln Bildinformationen weg. Beides ist also problematisch.

Auch wenn das so ist, gibt es Situationen, in denen das Neuberechnen die einzige Lösung ist, z.B. wenn Sie die Bildgröße ändern, aber die aktuelle Auflösung beibehalten oder, umgekehrt, wenn Sie die Auflösung anpassen, aber die Größe nicht verändern möchten. Sie sollten dieses Tool dennoch mit Bedacht einsetzen.

Um etwas mehr Licht in das Dunkel zu bringen, nachfolgend einige Zusammenhänge, die aus dem zuvor Beschriebenen folgen.

◆ Bei Änderungen ohne Neuberechnen bleibt die Gesamt-Pixelanzahl gleich, deswegen führt eine Änderung der Größe automatisch zu einer Änderung der Auflösung und umgekehrt, da die Gesamt-Pixelanzahl gleich der Auflösung multipliziert mit der Länge/Breite ist. Die vorhandenen Bildpunkte verteilen sich also nur anders auf die Länge/Breite.

◆ Bei Neuberechnungen wird die Anzahl der Bildpunkte geändert. Aus der angegebenen gewünschten Breite/Länge des Bildes und der gewünschten Auflösung wird die benötigte Anzahl Pixel ermittelt. Um diese Anzahl zu erreichen, werden Optimierungsverfahren angewendet, sodass aus den vorhandenen Bildinformationen/Pixeln die neue Anzahl Pixel gewonnen werden können, ohne die Qualität des Bildes mehr als nötig zu verringern.

Ein einfaches Beispiel, um die Optimierung zu verdeutlichen: Sie haben ein Bild mit einem weißen Hintergrund, auf dem nur eine schwarze, genau ein Pixel breite Linie ist. Jetzt vergrößern Sie dieses Bild bei gleicher Auflösung um 50%. Für das Bild werden also zusätzliche Pixel benötigt. Damit die schwarze Linie proportional im Gesamtbild weiterhin richtig angezeigt wird, müsste sie 1,5 Pixel breit sein. Dies ist aber nicht möglich, da ein Pixel die kleinste darstellbare (atomare) Einheit ist. Wird sie zwei Pixel breit angezeigt, wäre sie zu breit, entsprechend bei einem Pixel zu schmal. Als Lösung des Problems werden Zwischentöne berechnet. Links und rechts der ein-Pixel breiten Linie werden graue Pixel gesetzt, sodass die Linie etwas dicker als 1 Pixel erscheint. Diese Zwischentöne führen aber zu dem oben erwähnten Weichzeichnen/Verlust an Schärfe.

Bildgröße/Auflösung im Dialog einstellen

So ändern Sie die Größe eines Bildes im Dialog und passen gegebenenfalls die Auflösung an:

1. Öffnen Sie das Menü *Bild*.

2. Wählen Sie im Untermenü von *Skalieren* den Eintrag *Bildgröße*.

3. Geben Sie in den Feldern *Breite* und *Höhe* im Bereich *Dateigröße* die neue Größe des Bildes ein. Im Feld *Auflösung* tragen Sie nach Wunsch den Wert der neuen Auflösung ein.

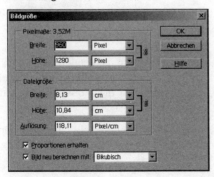

Die Bildgröße ändern

Ist die Option *Proportionen erhalten* aktiviert, brauchen Sie nur einen Wert für die neue Größe einzutragen, da die Höhe bzw. Breite jeweils angepasst wird.

Sofern Sie die Option *Bild neu berechnen mit* aktivieren bzw. aktiviert lassen (sehen Sie dazu den vorherigen Abschnitt), belassen Sie es am besten bei der Methode *Bikubisch*. Damit werden die besten Ergebnisse erzielt, auch wenn die Methode selbst die langsamste ist. Im Gegensatz zu *Pixelwiederholung* werden keine harten Kanten erzeugt, sondern weiche Übergänge und gleichmäßige Tonabstufungen.

> **Hinweis**
>
> Auch wenn eine Neu-Berechnung problematisch ist, gibt es keine Alternative dazu, wenn Sie die Bildgröße ändern und die aktuelle Auflösung beibehalten möchten oder umgekehrt.

Bilder mit der Maus skalieren

Per Maus können Sie ein Bild in der Größe mit dem Befehl *Bild > Skalieren > Skalierung* verändern. Sobald Sie diesen Befehl aufgerufen haben, erscheint ein Begrenzungsrahmen mit Ziehgriffen. Führen Sie den Mauszeiger auf einen der Griffe und ziehen Sie mit gedrückter Maustaste in die gewünschte Richtung. "Greifen" Sie am besten an einem Eckpunkt, so erhalten Sie am ehesten die Proportionen.

Bilder skalieren mit der Maus

Bilder neigen/verzerren

Eine interessante Spielerei im Zusammenhang mit dem Verrücken und Drehen von Bildern ist die Möglichkeit, sie schräg in eine Richtung zu neigen oder zu verzerren bzw. perspektivisch zu verzerren. Photoshop Elements nennt diese Aktionen "Transformieren".

Ein Haus in Schieflage

Transformieren

1. Klicken Sie auf das Menü *Bild*.
2. Wählen Sie im Untermenü von *Transformieren* die Option *Neigen, Verzerren* oder *Perspektivisch verzerren*. Unter Umständen werden Sie aufgefordert, den Hintergrund in eine Ebene zu verwandeln. Bestätigen Sie dann mit *OK* und geben Sie der Ebene in dem nächsten kleinen Dialog einen Namen (oder belassen Sie es einfach bei Ebene 0).
3. Setzen Sie den Mauszeiger neben die Begrenzungslinie – der Mauszeiger nimmt die Form eines kleinen grauen Pfeils an – und ziehen Sie in die gewünschte Richtung.

Falls Sie bei diesen Aktionen feststellen, dass das Ergebnis ganz und gar nicht nach Ihren Wünschen ist, klicken Sie einfach auf das Symbol *Transformieren abbrechen* rechts in der Optionsleiste. Dadurch wird das Bild von jeder Position aus wieder gerade bzw. in den Ursprungszustand gerückt. Gefällt Ihnen das Ergebnis, klicken Sie auf *Transformieren bestätigen* (das Häkchen) oder drücken Sie die ⏎-Taste.

Alles auf einmal – Frei transformieren

Der Befehl zum freien Transformieren eröffnet die Möglichkeit, alle die Aktionen, die Sie unter *Drehen, Skalieren, Neigen* und *Verzerren/Perspektivisch verzerren* ausführen können, in einem Vorgang zu realisieren.

Wählen Sie dazu *Bild > Transformieren > Frei transformieren*.

Durch Drücken unterschiedlicher Tasten im Zusammenhang mit Mausaktionen bewirken Sie jeweils eine andere Bewegung. Das ist ganz praktisch, setzt aber voraus, dass Sie die richtigen Griffe und Tasten erwischen. Ein kurzer Überblick:

◆ Zum Skalieren ziehen Sie an einem der Griffe des Begrenzungsrahmens. Um die Proportionen der Breite und Höhe zu erhalten, halten Sie beim Ziehen an einem der Eckgriffe die ⇧-Taste gedrückt.

◆ Wenn Sie die Auswahl drehen möchten, platzieren Sie den Zeiger neben den Begrenzungsrahmen und beginnen mit gedrückter Maustaste zu ziehen, sobald der Zeiger zu einem gebogenen Doppelpfeil geworden ist. Durch Halten der ⇧-Taste beim Ziehen wird der Drehwinkel auf 15°-Schritte beschränkt.

◆ Wenn Sie die Auswahl frei verzerren möchten, halten Sie die Strg-Taste (Windows) (bzw. Befehlstaste Mac OS) gedrückt und ziehen an einem Griff. Befindet sich der Zeiger über einem Eckgriff, verwandelt er sich in eine graue Pfeilspitze.

◆ Wenn Sie die Auswahl neigen möchten, drücken Sie die Tasten Strg+⇧ (Windows) (bzw. Befehl+Umschalttaste Mac OS) und ziehen einen der Mittelgriffe an den Seiten des Begrenzungsrahmens. Befindet sich der Zeiger über einem Seitengriff, verwandelt er sich in eine graue Pfeilspitze mit einem kleinen Doppelpfeil.

Wenn Sie die Auswahl perspektivisch verzerren möchten, drücken Sie die Tastenkombination Strg+Alt+⇧ (Windows) (bzw. Befehl+Wahl+Umschalttaste Mac OS) und ziehen einen der Eckgriffe. Befindet sich der Zeiger über einem Eckgriff, verwandelt er sich in eine graue Pfeilspitze.

Ein Bild lässt sich mit dem Befehl Frei transformieren *drehen, neigen etc. Hier: perspektivisch verzerrt.*

Bilder spiegeln

Eine regelrechte Manipulation eines Bildes können Sie mit Spiegeln erreichen. Mit diesem Befehl rutschen die Bildelemente der rechten Seite mit einem Mausklick auf die linke Seite oder umgekehrt. Wenn es Ihrer Stimmungslage entspricht, können Sie Bilder auch im Nu auf den Kopf gestellt spiegeln.

Beide Befehle finden Sie über *Bild > Drehen*. Im Untermenü entdecken Sie die entsprechenden Optionen: *Horizontal spiegeln* und *Vertikal spiegeln* bzw. *Ebene horizontal spiegeln* und *Ebene vertikal spiegeln*. Die beiden letzteren Befehle verwenden Sie, wenn nur ein auf einer separaten Ebene liegendes Bildelement gespiegelt werden soll. Die Befehle werden sofort ausgeführt. Denken Sie aber an die Möglichkeit, eine Aktion rückgängig machen zu können. Klicken Sie dazu auf das Symbol *Schritt zurück* in der Symbolleiste.

Ein horizontal gespiegeltes Bild

Einen interessanten Effekt ergibt auch das Spiegeln von Gesichtern, vor allem, wenn man die beiden Bilder dann noch per Photomerge (darüber lesen Sie im *Kapitel 7: Retuschieren und Manipulieren*) zu einem Bild macht.

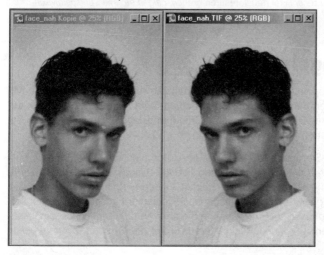

In den Spiegel geschaut

Bilder beschneiden – Freistellen

Vielleicht ist durch das Einscannen des Bildes ein Rand geblieben, oder Sie wollen von einem von der Kamera übertragenen Foto ein Stück entfernen – auf jeden Fall möchten Sie die Schere zur Hand nehmen, um einen Teil eines Bildes abzuschneiden bzw. auszuschneiden. Das richtige Instrument für das Beschneiden von Bildern auf einen bestimmten Bereich ist das *Freistellungswerkzeug*, wie es in Photoshop Elements heißt (etwas irritierend, denn gemeint ist tatsächlich das Zuschneiden und nicht das Freistellen von Bildbereichen). Sie finden es in der Standard-Werkzeugleiste.

1. Klicken Sie auf das Symbol *Freistellungswerkzeug*.

2. Ziehen Sie mit gedrückter Maustaste über den Bereich, den Sie erhalten möchten. Der Ansatzpunkt der Beschneidung liegt im Schnittpunkt der sich kreuzenden horizontalen und vertikalen Linien.

3. Lassen Sie die Maus los, wenn Sie den gewünschten Bereich aufgezogen haben und bestätigen Sie die Aktion per Klick auf das Häkchen in der Optionsleiste oder mit der ⏎-Taste, wenn Sie nichts weiter verändern möchten.

Einen Bildbereich ausschneiden

Hinweis

Sollte der freigestellte Bereich nicht abgedunkelt angezeigt werden, aktivieren Sie die Option *Abdecken* in der Optionsleiste.

Die Option Abdunkeln *in der Optionsleiste*

Den ausgeschnittenen Bereich modifizieren

Sie können das Auswahlrechteck vor der Bestätigung auch noch modifizieren. Zum Verschieben setzten Sie den Mauszeiger einfach in den Begrenzungsrahmen und ziehen das Rechteck mit gedrückter linker Maustaste an eine neue Position. Zum Vergrößern bzw. Verkleinern ziehen Sie an den Griffpunkten. Wenn Sie beim Ziehen die ⇧-Taste gedrückt halten, bewahren Sie die Proportionen.

Die Auswahl verändern

Die Auswahl lässt sich auch drehen. Setzen Sie den Zeiger außerhalb des Auswahlrechtecks und ziehen Sie in die gewünschte Richtung, wenn Sie den gebogenen Doppelpfeil sehen.

Das Auswahlrechteck zum Ausschneiden kann gedreht werden.

Arbeitsfläche vergrößern

Liegen die Kanten des beschnittenen Bildes zu nah an den Grenzen des Bildfensters, bleiben bei dieser Methode mitunter weiße oder graue Ränder stehen. Um diesem Problem zu Leibe zu rücken, greifen Sie am besten zu einem kleinen Trick: Vergrößern Sie einfach die Arbeitsfläche, denn hinzugefügte Arbeitsfläche wird in der Farbe des Hintergrunds angezeigt. Dazu wählen Sie folgende Befehle:

1. Öffnen Sie das Menü *Bild.*
2. Wählen Sie *Skalieren.*
3. Wählen Sie im Untermenü *Arbeitsfläche.*

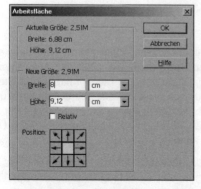

Die Arbeitsfläche vergrößern

4.   Geben Sie im Bereich *Größe* die gewünschten neuen Maße an.

5.   Bestimmen Sie im Bereich *Position* die Position des Bildes auf der Arbeitsfläche, indem Sie auf einen Pfeil klicken.

Lassen Sie das Bild nun erneut gerade rücken.

Bilder speichern

All die Mühe macht keinen Sinn, wenn Sie Ihre bearbeiteten Bilder nicht speichern. Dies geht wie üblich über *Datei > Speichern unter.* Achten Sie vor dem Aufruf des Dialogs – sofern Sie mehrere Bilder geöffnet haben – darauf, dass auch das richtige aktiv ist, also eine blaue Titelleiste aufweist.

Eine Datei speichern

Legen Sie im Feld *Speichern in* per Auswahlpfeil fest, in welchen Ordner die Datei gespeichert werden soll und tragen Sie einen Dateinamen ein. Über den Auswahlpfeil des Feldes *Format* können Sie gegebenenfalls ein anderes Dateiformat als das Standard-Format *psd* bestimmen. Wenn das Bild noch nicht zu Ende bearbeitet wurde und die Art der späteren Verwendung noch nicht feststeht, sollten Sie es im Format Photoshop Elements (psd) speichern. So ist gewährleistet, dass Sie bei einem erneuten Öffnen des Bildes auf alle Bilddaten zugreifen können.

Wenn Sie ein Format wählen, das nicht alle Bilddaten unterstützt, erschreckt Sie im unteren Bereich ein Warnhinweis. Dann empfiehlt es sich, eine Kopie der Datei im Format "psd" zu speichern, damit alle Bilddaten unterstützt werden.

Belassen Sie es auch ansonsten bei den vorgegebenen Einstellungen. In der Regel ist es in Ordnung, die Option *Ebenen* aktiviert zu lassen, da Sie ja das komplette Bild mit allen Ebenen speichern möchten.

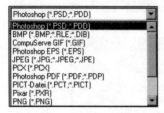

Die möglichen Dateiformate

Hinweise und Erklärungen zu den Dateiformaten und speziellen Einsatzgebieten finden Sie in dem *Kapitel 2: Grundlagen der Bilderwelt.*

Stapelverarbeitung – Konvertieren in einem Rutsch

Mit Photoshop Elements 2.0 können Sie viele Dateien in einem Rutsch in ein anderes Format konvertieren und/oder deren Bildgröße und Dateinamen ändern. Die Voraussetzung ist lediglich, dass alle Dateien in einem Ordner gespeichert sind. Alternativ kann sich der Befehl auch auf alle geöffneten Dateien beziehen.

> **Hinweis**
>
> Im Zusammenhang mit dem Dateibrowser (im *Kapitel 3: Vorbereitung und erste Schritte*) wurde bereits beschrieben, wie Sie Dateien in einem Rutsch neu benennen können. Dieser Dialog bietet noch mehr Möglichkeiten.

1. Klicken Sie im Menü *Datei* auf *Stapelverarbeitung.*

2. Im Dialog *Stapelverarbeitung* stellen Sie zunächst ein, welche Dateien in die Stapelverarbeitung eingeschlossen werden sollen. Wählen Sie beispielsweise *Ordner* im Pop-up-Menü des Feldes *Zu konvertierende Dateien.*

3. Klicken Sie auf die Schaltfläche *Quelle*, um den Ordner festzulegen. Aktivieren Sie nach Wunsch *alle Unterordner einschließen.*

4. Stellen Sie die Konvertierungsoptionen im gleichnamigen Bereich ein.

5. Legen Sie im Bereich *Bildgröße* eine neue Größe und gegebenenfalls eine andere Auflösung fest. Aktivieren Sie dazu als Erstes die Option *Bildgröße konvertieren*, damit die Felder aktiv sind.

6. Sollen die Dateien umbenannt werden, aktivieren Sie die entsprechende Option. Tragen Sie in dem Feld darunter den Namen ein, mit dem die Dateien zukünftig beginnen sollen, z.B. buch. In der Auswahlliste können Sie überprüfen, in welcher Art und Weise die Dateinamen eingegeben werden können. Im Feld daneben le-

gen Sie die Ergänzung des Dateinamens fest; welche Möglichkeiten zur Verfügung stehen, wählen Sie in der Auswahlliste, z.B. eine Seriennummer oder ein Datum.

7. Klicken Sie dann auf die Schaltfläche *Ziel*, um festzulegen, wo die Dateien abgelegt werden sollen.

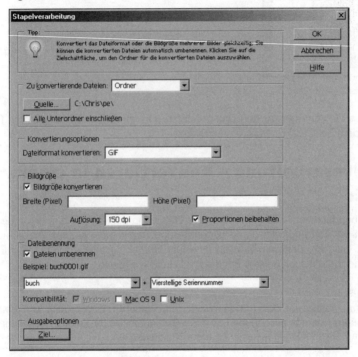

Die Einstellungen der Stapelverarbeitung

Drucken

Wie bei den meisten Programmen finden Sie den Befehl zum Ausdrucken im Menü *Datei* (*Datei > Drucken*). Wenn es schnell gehen soll, wählen Sie einfach diesen Befehl, um den gleichnamigen Dialog aufzurufen. Allerdings bietet es sich an, zuvor den Dialog *Seitenansicht* zu öffnen . Hier können Sie in einer Vorschau sehen, wie das Bild im gedruckten Zustand aussehen wird. Darüber hinaus können Sie die Einstellungen für die Datei verändern und den Druck direkt von diesem Dialog aus starten.

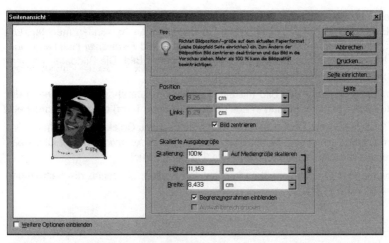

Die Seitenansicht bietet eine Vorschau und Einstellungsmöglichkeiten

Im Dialog *Seitenansicht* können Sie die Optionen für den Druck festlegen.

1. Wählen Sie im Menü *Datei > Seitenansicht*.

2. Klicken Sie im Dialogfeld *Seitenansicht* auf die Schaltfläche *Seite einrichten*. Dies öffnet den gleichnamigen Dialog (den Sie auch direkt über das Menü *Datei* aufrufen können).

3. Wählen Sie im Dialogfeld *Seite einrichten* die Papiergröße, -quelle und -ausrichtung.

4. Wenn die Ausgabe nicht auf Ihrem Standarddrucker erfolgen soll, klicken Sie auf die Schaltfläche *Drucker*, wählen Sie den gewünschten Drucker aus und stellen Sie gegebenenfalls Eigenschaften für diesen ein. Klicken Sie auf *OK*.

5. Klicken Sie auf *OK*, um das Dialogfeld *Seite einrichten* wieder zu schließen.

6. Ändern Sie im Dialog *Seitenansicht* gegebenenfalls die Position und Skalierung des Bildes im Verhältnis zur ausgewählten Papiergröße und dem ausgewählten Format.

Für weitere Einstellungsmöglichkeiten bzw. Ausgabeoptionen müssen Sie im Dialog *Seitenansicht* die Option *Weitere Optionen einblenden* aktivieren. Wählen Sie aus dem kleinen Popup-Menü die Option *Ausgabe*. Sie sehen, dass Sie nun noch einige Einstellungen für den Druck festlegen können.

Weitere Optionen für den Druck

♦ *Hintergrund*: Mit dieser Option wird das Blatt außerhalb des Bildbereichs mit einer Hintergrundfarbe bedruckt. Wenn Sie diese Option verwenden möchten, klicken Sie auf *Hintergrund* und wählen Sie im Dialogfeld *Farbwähler* eine Farbe aus. Der Hintergrund erscheint nur auf dem gedruckten Bild. Die Bilddatei auf dem Computer wird dadurch nicht verändert.

♦ *Umrandung*: Versieht das Bild mit einer schwarzen Umrandung. Sie können die Konturstärke der Umrandung in Zoll (Inch), Millimeter (mm) oder Punkt angeben.

♦ *Objektbeschreibung*: Druckt den zur Beschreibung des Objekts im Dialogfeld *Datei*-Informationen eingegebenen Text (*Datei > Dateiinformationen*). Der Objektbeschreibungstext wird immer in Helvetica 9 Punkt gedruckt.

♦ *Schnittmarken*: Druckt Schnittmarken an den Stellen, an denen die Seite zugeschnitten werden soll.

5. Bildbereiche auswählen

Sehr häufig werden Sie bei der Bildbearbeitung den Wunsch haben, nur einzelne Komponenten zu verändern oder zu verbessern, aber nicht das gesamte Bild. Bei großflächigen einfachen Bereichen mag das mit bestimmten Instrumenten mitunter ohne große Vorbereitung möglich sein, aber in der Regel wird eine Auswahl benötigt. Mit einer Auswahl legen Sie eine Art Maske um den zu bearbeitenden Bereich, an dem Sie dann problemlos basteln können, ohne das Risiko einzugehen, ungewollt auch andere Bereiche in die Bearbeitung miteinzubeziehen. Es ist ein bisschen wie beim Streichen von Fensterrahmen: Man klebt vorher Klebeband auf die Scheibe, damit tatsächlich nur der Rahmen in der neuen Farbe glänzt und nicht die Scheibe.

Aber Auswahlen sind nicht nur dazu da, Bereiche des Bildes vor Veränderung zu schützen. Man kann sie auch ausschneiden, kopieren, neu einfügen oder speichern.

Es liegt auf der Hand, dass die Sache dort anfängt schwierig zu werden, wo es nicht darum geht, eine einfache Form mithilfe eines Rechtecks oder – beispielsweise – eines Kreises auszuwählen, sondern darum, komplizierte Bildteile, die unter Umständen noch nicht einmal einen glatten Rand haben, freizustellen. Photoshop Elements bietet für solche Fälle Auswahlwerkzeuge an, mit denen diese Aufgabe ganz gut zu bewerkstelligen ist.

 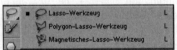

Auswahlwerkzeuge

Aber beginnen Sie mit relativ einfachen Auswahlen.

Rechtecke und Kreise auswählen

Öffnen Sie das zu bearbeitende Bild.

1. Klicken Sie in der Standard-Werkzeugleiste auf das Symbol *Auswahlrechteck*, es befindet sich ganz oben links.

2. Klicken Sie dort, wo die Auswahl beginnen soll, auf das Bild und ziehen Sie das Rechteck auf.

Sie sehen, dass sich ein Begrenzungsrahmen um die Auswahl gelegt hat. Übrigens: Wenn Sie beim Aufziehen die [Alt]-Taste gedrückt halten, bildet sich der Rahmen von der Mitte her. Dies ist mitunter günstig, z.B. dann, wenn auf jeden Fall ein Bildelement der Auswahl direkt in der Mitte liegen soll.

Der Begrenzungsrahmen auf dem Bild

Wenn Sie die Form der Auswahl nicht gut genug erkennen können, probieren Sie es einmal mit der Tastenkombination [Strg]+[X]. Die Auswahl erscheint nun als weiße Fläche auf dem Bild, da Sie die Auswahl ausgeschnitten haben. Diese weiße Fläche füllt sich wieder mit [Strg]+[Z].

Das Rechteck als weiße Fläche

Solange Sie die Auswahl nicht aufheben, wirken sich alle Aktionen, die Sie am Bild vornehmen, nur auf dieses Rechteck aus, z.B. Farben anpassen, Effekte anwenden, malen etc.

Auswahl verschieben

Sie können die bereits erzeugte Auswahl auch verschieben, wenn Sie nicht den richtigen Bereich eingegrenzt haben. Klicken Sie dazu auf das Symbol *Neue Auswahl* in der Optionsleiste und setzen Sie den Mauszeiger in den Auswahlbereich.

Ziehen Sie den Begrenzungsrahmen dann mit gedrückter linker Maustaste an die gewünschte Stelle im Bild.

Eine Auswahl verschieben

Auswahl aufheben

Wenn Sie das Bild wieder ohne Auswahl vor sich haben wollen, öffnen Sie mit der rechten Maustaste das Kontextmenü und wählen Sie *Auswahl aufheben*. Diesen Befehl finden Sie auch im Menü *Auswahl*.

Die Auswahl wieder aufheben

Eine Auswahl, die Sie aufgehoben haben, können Sie sich übrigens auch wieder anzeigen lassen. Dazu klicken Sie im Menü *Auswahl* auf *Erneut wählen.*

Ellipsen und Kreise als Auswahl

Auf die gleiche Art und Weise bilden Sie eine kreis- bzw. ellipsenförmige Auswahl. Die *Auswahlellipse* befindet sich im Flyout *Auswahlrechteck.*

Hinweis

Dass es sich um ein Flyout, also um ein Symbol, hinter dem sich weitere Werkzeuge verbergen, handelt, erkennen Sie an dem kleinen Pfeil an dem Symbol. Um es zu öffnen, zeigen Sie mit gedrückter linker Maustaste einen Moment lang auf das Symbol oder klicken es mit der rechten Maustaste an.

Klicken Sie auf *Auswahlellipse*. Soll die Auswahl ein Kreis werden, halten Sie beim Aufziehen die ⇧-Taste gedrückt, dann ziehen Sie automatisch einen Kreis auf.

Mit der Umschalt-Taste wird ein Kreis aufgezogen.

Mehrere Auswahlen in einem Bild

Mitunter ist es nicht damit getan, nur eine Auswahl festzulegen, sondern Sie brauchen oder möchten gleich mehrere nacheinander erzeugen. Auch das geht.

1. Klicken Sie auf das Symbol *Auswahlrechteck*.
2. Legen Sie die erste Auswahl fest.
3. Klicken Sie auf das Symbol *Der Auswahl hinzufügen* in der Optionsleiste.
4. Legen Sie die zweite bzw. weitere Auswahl(en) fest.

Mehrere Auswahlen definieren

Auswahlbereiche verkleinern

Wenn Sie von einer Auswahl, die Sie bereits bestimmt haben, einen Teil wegnehmen möchten, können Sie das ohne weiteres machen:

1. Klicken Sie auf das Symbol *Von Auswahl subtrahieren* in der Optionsleiste.
2. Fahren Sie nun mit dem Werkzeug über den Bereich, der von der aktuellen Auswahl abgeschnitten werden soll.

Bereiche von Auswahlen wegnehmen

Bei Überlappungen der Auswahlbereiche wird die erste Auswahl entsprechend der Form, die Sie zum Reduzieren aufgezogen haben, beschnitten. Die Abbildung zeigt, dass die Ellipsenform durch das Subtrahieren unten abgeschnitten wurde.

Eine neue Auswahl-Form wurde erzeugt.

Pixelgenau können Sie eine Auswahl im Dialog verkleinern:

1. Wählen Sie *Auswahl > Auswahl verändern.*
2. Klicken Sie auf *Verkleinern* im Untermenü.

Dies ruft einen kleinen Dialog auf, in dem Sie einen Pixelwert eingeben können.

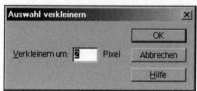

Die Auswahl pixelgenau verkleinern

Bei mehreren Auswahlen auf dem Bild werden durch diesen Befehl alle Auswahlbereiche gleichzeitig verkleinert. Analog gibt es übrigens den Befehl *Auswahl erweitern.* durch die Auswahl (bzw. die Auswahlen) vergrößert wird (werden).

Formen aus Schnittmengen bilden

Sie kennen diesen Trick vielleicht aus Zeichenprogrammen wie CorelDraw. Statt eine Form zu zeichnen, kann man so manches durch die Schnittmenge von zwei Formen, die sich überlappen, erzeugen. Der sich überlappende Bereich bildet dann die gewünschte Form, der Rest verschwindet im Nirwana. Das geht auch mit den Auswahlen von Photoshop Elements.

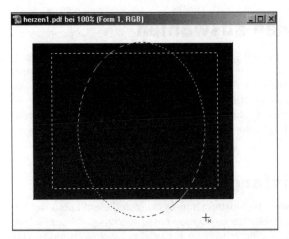

Schnittmengen bilden mit zwei Formen

1. Legen Sie mit dem Auswahlrechteck oder der Auswahlellipse eine Auswahl auf das Bild.
2. Klicken Sie auf das Symbol *Schnittmenge mit Auswahl bilden* in der Optionsleiste.
3. Ziehen Sie die neue Auswahl so auf, dass die Schnittmenge die gewünschte Form ergeben wird. Das klappt mitunter nicht auf Anhieb, sodass Sie eventuell mehrmals ansetzen müssen. Brechen Sie die Aktion dann entweder mit (Esc) ab oder heben Sie die Auswahl über *Auswahl > Auswahl aufheben* auf.

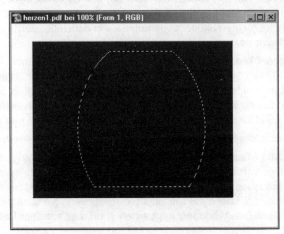

Eine Auswahl durch die Schnittmenge

Komplexe Formen auswählen

Sie können sich denken, dass es weit komplizierter ist, komplexe Formen mit nicht-glatten Rändern freizustellen als – wie bisher beschrieben – geometrische Formen bzw. Kreise und Ellipsen zu definieren. Aber es gibt Werkzeuge, mit denen auch dies ganz gut und sauber gelingt. Allerdings: Es funktioniert erfahrungsgemäß nicht im Hauruck-Verfahren! Sie brauchen Geduld und Spucke und eine gewisse Frustrationstoleranz, um erste Misserfolge überstehen zu können, ohne in Selbstzweifel zu verfallen!

Mit dem Lasso einfangen

Bezeichnenderweise heißt eines dieser Instrumente *Lasso*. Von diesem Lasso werden drei Varianten angeboten: *Lasso-Werkzeug, Polygon-Lasso-Werkzeug, Magnetisches-Lasso-Werkzeug*. Die Varianten befinden sich im Flyout des Lasso-Werkzeugs. Das Standard-Lasso können Sie benutzen, wenn es um Umrisse geht, die man nachzeichnen kann. Bei fransigen, zerfaserten Rändern dürfte es auch mit ausgesprochen ruhiger Hand kaum gelingen, an den Konturen entlang zu fahren.

Um mit dem Lasso einen Bereich einzufangen, machen Sie Folgendes:

1. Öffnen Sie das Bild und lassen Sie das Bild möglichst groß anzeigen, damit Sie den Bereich gut erkennen können; klicken Sie dazu auf das *Zoom-Werkzeug* in der Standard-Werkzeugleiste (die Lupe) und dann so oft auf das Bild, bis es Ihnen groß genug erscheint. Achten Sie dabei darauf, dass in der Optionsleiste das Symbol *Einzoomen* aktiviert ist.

2. Den sichtbaren Ausschnitt können Sie mit dem *Hand-Werkzeug* (das Symbol mit der Hand) festlegen. Klicken Sie auf das Symbol und fahren Sie mit der "Hand" über das Bild. Zum Zurücknehmen der Vergrößerung können Sie übrigens den Befehl *Auszoomen*, zu finden in der Optionsleiste, verwenden und dann einmal oder mehrfach auf das Bild klicken.

3. Aktivieren Sie das *Lasso* in der Standard-Werkzeugleiste.

4. Fahren Sie mit gedrückter Maustaste an den Konturen des Bereichs entlang, den Sie auswählen möchten. Vorsicht: Die Aktion ist nichts für Tage nach durchzechten Nächten! Sie brauchen eine ruhige Hand! Achten Sie darauf, dass Sie die Auswahl "dicht" machen, d.h. lassen die Maustaste erst los, wenn Sie wieder am Startpunkt angelangt sind. Die Abbildung zeigt einen Turm, der mit dem Lasso freigestellt wurde.

Mit dem Lasso auswählen

Wenn Sie die Auswahl nicht schließen, macht Photoshop Elements das selbstständig. Es wird dann automatisch eine Linie vom Endpunkt zum Startpunkt gezogen.

Eine Auswahl, die von Photoshop Elements geschlossen wurde.

Auswahl bei glatten Kanten

Der Umgang mit dem Lasso erfordert einen einigermaßen gekonnten Einsatz der Maus, eine ruhige Hand und Geduld – bei glatten geraden Kanten können Sie es sich mit dem Polygon-Lasso einfacher machen.

Das Polygon-Lasso auswählen

1. Aktivieren Sie das *Polygon-Lasso* im Flyout des Lasso-Werkzeugs.

2. Klicken Sie am Startpunkt und ziehen Sie die dann erscheinende Begrenzungslinie – ohne die Maustaste gedrückt zu halten – an den Punkt, an dem die Kontur eine andere Richtung nimmt. Dort klicken Sie und ziehen dann auf die gleiche Art und Weise die nächsten Linien bis der Bereich umrandet ist.

3. Um die Auswahl abzuschließen, müssen Sie noch einmal auf den Startpunkt klicken. Klicken Sie dann, wenn neben dem Symbol ein kleiner geschlossener Kreis zu sehen ist (Sie müssen genau hinschauen, der Kreis springt nicht gerade ins Auge!). Wenn Sie sich auf der Strecke vertan haben, können Sie die ganze Aktion mit (Esc) abbrechen.

Glatte Kanten lassen sich mit dem Polygon-Lasso auswählen.

Das magnetische Lasso

Eine andere Lasso-Variante ist das *Magnetische Lasso*. Dieses Lasso richtet die Begrenzungslinie automatisch an den Kontrastunterschieden von Bildfarben aus, daher ist es erfahrungsgemäß dann gut zu gebrauchen, wenn sich der Bereich, den Sie freistellen möchten, deutlich vom Rest abhebt. Wenn die Unterschiede besonders markant sind, wählt das Lasso den Bereich fast im Alleingang aus, ansonsten muss man es zum Teil auch in die richtige Richtung ziehen und es entsprechend häufig per Mausklick "verankern".

Der Gebrauch dieses Werkzeugs ist etwas gewöhnungsbedürftig, wie Sie selbst merken werden. Probieren Sie es am besten an nicht zu komplizierten Formen aus.

1. Aktivieren Sie das *Magnetische-Lasso-Werkzeug* im Lasso-Flyout.

2. Wählen Sie gegebenenfalls neue Einstellungen in der Optionsleiste: Im Feld *Breite* legen Sie die Breite (in Pixeln) fest, innerhalb der die Kanten vom Lasso erkannt werden. Im Feld *Kantenkontrast* stellen Sie die Empfindlichkeit des Lassos ein. Je höher der Wert (zwischen 1% und 100%) ist, desto deutlicher muss der Kontrast zwischen den Bereichen sein, damit das Lasso die Kontur einfangen kann. Sind die Kontrastunterschiede schwach ausgeprägt, müssen Sie einen möglichst niedrigen Wert einstellen. Im Feld *Frequenz* legen Sie die Abstände der so genannten Befestigungspunkte, die Photoshop Elements zur Verankerung der Begrenzungslinie hinzufügt, fest.

Die Optionsleiste des magnetischen Lassos

3. Beginnen Sie mit dem Zeichnen der Linie, indem Sie am Startpunkt klicken.

4. Ziehen Sie ohne oder mit gedrückter Maustaste entlang der Kante, die Sie auswählen möchten.

5. Klicken Sie gegebenenfalls dort, wo sich das Lasso bzw. die Begrenzungslinie nicht optimal ausrichtet und/oder Sie die Richtung manuell beeinflussen möchten, um eigene Befestigungspunkte zu setzen.

6. Ziehen Sie zum Schluss den Mauszeiger über den Startpunkt und klicken Sie, um die Auswahl zu beenden (Achtung, schauen Sie genau hin: neben dem Zeiger erscheint wieder ein kleiner Kreis, der andeutet, dass Sie die Auswahl schließen können).

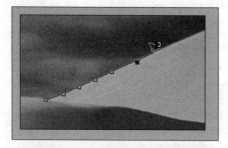

Das magnetische Lasso sucht sich seinen Weg.

Wenn es passt, können Sie die Auswahl auch per Doppelklick beenden, dann wird die Auswahl mit einem freien Segment geschlossen. Diese Option ist jedoch ziemlich ungenau und hinterlässt nicht ganz vorhersehbare Auswahlen. Halten Sie beim Doppelklick die [Alt]-Taste gedrückt, wird die Begrenzung mit einem geraden Segment geschlossen.

Mit dem magnetischen Lasso lassen sich kontrastreiche Bereiche gut einfangen.

Maskieren mit dem Zauberstab

Der *Zauberstab* von Photoshop Elements ist zwar keine gute Fee, die all Ihre Wünsche erfüllt, aber immerhin nimmt er Ihnen das Nachzeichnen von Umrissen ab. Er fängt von selbst Bereiche mit gleichen oder sehr ähnlichen Farben ein, wobei er sich an den Helligkeitswerten der Pixel orientiert. Daher bietet sich seine Verwendung an, wenn Sie eine Auswahl aus relativ deutlich ähnlichen Bildpunkten festlegen möchten, das Bild aber Konturen hat, die schwer nachzuzeichnen sind. Sie benutzen ihn folgendermaßen:

1. Aktivieren Sie den *Zauberstab* in der Standard-Werkzeugleiste.

2. Beachten Sie die Einstellungsmöglichkeiten in der Optionsleiste:

    Das Feld *Toleranz* erwartet einen Wert zwischen 0 und 255. Bei einem niedrigen Wert müssen sich die Farben, die der Zauberstab mit in die Auswahl nimmt, stark ähneln, bei einem höheren Wert ist der Zauberstab toleranter. Aktivieren Sie die Option *Glätten*, wenn Sie eine weiche Auswahlkante erzeugen möchten.

    Aktivieren Sie die Option *Benachbart*, wenn nur zusammenhängende Bereiche ausgewählt werden sollen. Ist die Option nicht aktiviert, umfasst der Zauberstab alle ähnlichen Farben in einem Bild.

3. Klicken Sie nach der Festlegung der Optionen auf eine beliebige Stelle im Bild, die die Farbe aufweist, die Sie auswählen möchten.

Die Optionen des Zauberstabs

Photoshop Elements fängt nun eigenständig die nebeneinander liegenden Bereiche mit ähnlichen Farben ein.

Eine mit dem Zauberstab getroffene Auswahl

In dem abgebildeten Foto wurde der helle Bereich der Sandwüste ausgewählt, der sich in seiner Farbe einigermaßen deutlich von dunkleren Teilen unterscheidet. Ein einziger Mausklick reichte, um diese Auswahl zu erstellen. So glatt und einfach verläuft die Auswahl per Zauberstab nicht bei jedem Bild bzw. bei jeder Auswahl. Oftmals ist das Ergebnis der ersten Freistellung nicht zufriedenstellend, beispielsweise kann es sein, dass zu wenige Bereiche in die gewünschte Auswahl aufgenommen wurden, oder – umgekehrt – zu viele, also auch solche, die eigentlich gar nicht in die Auswahl gehören. Auch der oft fransige Rand kann gewollt sein oder aber nicht.

Zu viele Pixel in der Auswahl

Einem solchen Fehler können Sie begegnen, indem Sie die erste Auswahl aufheben, den Toleranzwert herabsetzen, und eine neue Auswahl erstellen. Alternativ können Sie es damit versuchen, von der aktuellen Auswahl Bildpunkte wegzunehmen. Dazu klicken Sie auf das Symbol *Von Auswahl subtrahieren* in der Optionsleiste und dann in den Bereich (bzw. die Bereiche), der nicht in die Auswahl gehört. Denken Sie daran, das Bild entsprechend zu vergrößern, damit Sie gut erkennen können, in welche Bereiche Sie klicken müssen.

Oft passiert es beim Subtrahieren allerdings, dass zu viele Bereiche aus der Auswahl herausgenommen werden, dann müssen Sie die Auswahl wieder vergrößern oder komplett neu erstellen. Es braucht mitunter eine Weile, bis das Ergebnis nach Wunsch ist!

Die Auswahl vergrößern

Hat der Zauberstab nicht alle Bildpunkte erwischt, können Sie den gleichen Weg gehen. Entweder Sie probieren es mit einer neuen Auswahl bei einem höheren Toleranzwert oder Sie verwenden den Befehl *Der Auswahl hinzufügen* aus der Optionsleiste und klicken auf den Bereich, der bisher noch nicht maskiert wurde.

Nicht alles wurde ausgewählt, der Zauberstab hat zu wenige Pixel mitgenommen.

Ein anderer Weg, Auswahlen zu vergrößern:

Klicken Sie auf *Auswahlen > Auswahlen vergrößern*. Der Befehl wird automatisch ausgeführt, d.h. Sie müssen nicht mehr auf das Bild klicken. Mitunter erzielt man mit diesem Befehl ein sehr gutes Ergebnis.

Auswahl nach einem Klick mit dem Zauberstab

Auswahl nach Auswahl > vergrößern

Sie haben noch eine dritte Möglichkeit. Hier können Sie die Pixel selbst einstellen, um die Sie die Auswahl vergrößern möchten:

1. Klicken Sie auf *Auswahl.*
2. Wählen Sie *Auswahl verändern* und im Untermenü *Erweitern.*
3. Geben Sie in dem kleinen Dialog einen Wert ein; beginnen Sie vorsichtshalber mit einem kleinen Wert und tasten Sie sich notfalls an das optimale Ergebnis heran.

Eine Auswahl im Dialog Erweitern

Keine Fee

Der Umgang mit dem Zauberstab ist bei komplexen Formen und zerfransten Kanten nicht ganz einfach und meistens müssen Sie mehrfach nacharbeiten und probieren, bis das Ergebnis annähernd optimal ist. Es ist eben doch kein richtiger Zauberstab, der von einer guten Fee geschwungen wird! Dennoch ist es ein gutes – bzw. das einzige – Instrument, um komplizierte Bereiche auswählen zu können. Es wäre wohl sehr mühevoll, beispielsweise die Kontur von Baumkronen mit dem Lasso nachzeichnen zu wollen. Da ist der Zauberstab dann doch sehr hilfreich. Denken Sie auch hier an die Möglichkeit, sich die Auswahl mit (Strg)+(X) als weißen Bereich anzeigen zu lassen (aufheben mit (Strg)+(Z)) und vergrößern Sie das Bild mithilfe des Zooms, damit Sie die nicht daneben klicken!

Komplexe Formen lassen sich nur mit dem Zauberstab auswählen.

Weiche oder harte Kanten

Je nachdem, was Sie bezwecken, ist manchmal eine weiche Kante sinnvoller und manchmal eine harte. Sie können den Verlauf der Kante in einem gewissen Rahmen beeinflussen. Bei einer Auswahl, die Sie bereits erstellt haben, benutzen Sie den Dialog *Weiche Auswahlkante.*

1. Klicken Sie auf das Menü *Auswahl.*
2. Wählen Sie *Weiche Auswahlkante.*

Geben Sie im Feld *Radius* einen Pixelwert (zwischen 0,2 und 250) ein, mit dem Sie die Breite der Kante festlegen und bestimmen, wie fließend der Übergang ist, weil der Zauberstab je nach Einstellung mehr oder weniger Pixel "mitnimmt". Tasten Sie sich hier eher vorsichtig an neue Werte heran, der Effekt ist wahrscheinlich nicht immer so, wie Sie sich das vorgestellt haben.

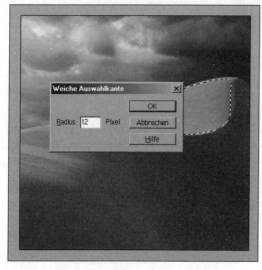

Die Auswahlkante verändern

Auswahl umkehren

Prima funktioniert mitunter der Befehl *Auswahl umkehren,* z.B. dann, wenn das Bild eine Fläche mit einer deutlich abgehobenen Helligkeit zum Rest des Bildes hat, den Sie freistellen möchten. Bei der Abbildung sollte die Wüste ausgewählt werden. Anstatt sich nun mit dem Zauberstab durch diesen Bereich, der unterschiedliche Helligkeitsstufen hat, zu klicken, war es bequemer, einfach den Himmel auszuwählen, und dann die Auswahl umzukehren. Dazu klicken Sie im Menü *Auswahl* auf den gleichnamigen Befehl.

Eine Auswahl umkehren – der Himmel wurde ausgewählt und durch Umkehr die Wüste freigestellt.

Auswahlen bearbeiten

Damit deutlich wird, dass sich das Erzeugen von Auswahlbereichen tatsächlich lohnt, sollten Sie jetzt vielleicht einmal ausprobieren, ein Bild mit einer Auswahl zu bearbeiten.

Auswahlbereich ausmalen

1. Nehmen Sie beispielsweise ein Bild mit einem ausgewählten ellipsenförmigen Bereich.

2. Klicken Sie auf das Werkzeug *Werkzeugspitzen* in der Standard-Werkzeugleiste.

3. Malen Sie mit dem Pinsel in der Ellipse und fahren Sie bewusst über die Auswahlbegrenzung hinaus. Sie werden feststellen, dass Ihre Mal-Aktion auf die Ellipse beschränkt bleibt, Sie können also in aller Ruhe drauf los pinseln, ohne dass Gesamtbild zu ruinieren!

Die Auswahl begrenzt die Bearbeitung

Ganz ähnlich verhalten sich auch die Retusche-Werkzeuge. Würden Sie beispielsweise mit dem *Weichzeichner* über den Rand einer Auswahl hinausgehen, würde trotzdem nur der Bildteil des Auswahlbereichs weiche Konturen erhalten und verwischt wirken.

Das Werkzeug wirkt sich nur auf die Auswahl aus.

Eine Kontur für den Auswahlbereich

Eine schöne Möglichkeit bietet der Befehl *Kontur füllen*. Damit lassen sich erstellte Auswahlbereiche problemlos umranden, wobei Sie die Farbe und die Pixelbreite festlegen können.

1. Legen Sie eine Auswahl fest.
2. Klicken Sie auf *Bearbeiten > Kontur füllen*.
3. Legen Sie in dem Dialog die Breite der Kontur fest, die Farbe (per Klick auf die Farbbox) und die Position. Außerdem können Sie die Füllmethode verändern und gegebenenfalls die Deckkraft. Vorsicht bei der Position *Innen*; diese Option bringt nicht unbedingt das gewünschte Ergebnis.

Am Beispiel (zu sehen in der Abbildung unten) wurde die Baskenmütze ausgewählt und mit einer hellen Kontur versehen.

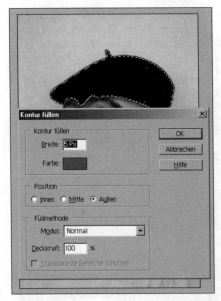

Eine Kontur für eine Auswahl

Eine Auswahl füllen

Eine weitere Möglichkeit besteht darin, eine erstellte Auswahl mit einer Farbe zu füllen oder auch mit einer Art Muster oder einem Farbverlauf.

1. Legen Sie eine Auswahl fest. Für das Beispiel-Foto weiter unten musste die Baskenmütze ausgewählt werden. Das klappte – in mehreren Anläufen – mit dem Zauberstab einwandfrei.

2. Wählen Sie gegebenenfalls eine Farbe, indem Sie wahlweise auf die Farbbox für die Vordergrundfarbe oder Hintergrundfarbe in der Werkzeugleiste klicken und den Dialog *Farbwähler* öffnen. Dort klicken Sie auf eine Farbe.

3. Wählen Sie *Bearbeiten > Fläche füllen.*

4. Wählen Sie im Feld *Füllen mit* die aktuelle *Vorder-* oder *Hintergrundfarbe, Schwarz, Weiß* oder *50 % Grau.* Wenn Sie die weiteren Standard-Einstellungen für die aufzutragende Farbe nicht ändern möchten, klicken Sie einfach auf *OK.*

5. Sie können im Dialog aber auch andere Eigenschaften einstellen, z.B. den *Modus* und die *Deckkraft* ändern.

6. Wenn Sie den Bereich mit einem Muster füllen möchten, entscheiden Sie sich im Feld *Füllen mit* in der Auswahlliste für die Option *Muster.* Dann klicken Sie auf den Pfeil am Feld *Eigenes Muster* und wählen per Mausklick ein Muster aus.

Die Baskenmütze wurde ausgewählt und mit einem Muster gefüllt.

Mit einem Verlauf füllen

Wenn Sie die Fläche mit mehreren Farben, die mehr oder minder sanft ineinander übergehen, füllen möchten, greifen Sie zum *Verlaufswerkzeug* (eine nähere Beschreibung finden Sie im *Kapitel 10: Kreativ mit Pinsel, Stift und Farbe.*)

1. Aktivieren Sie das *Verlaufswerkzeug* in der Werkzeugleiste.

2. Entscheiden Sie sich für einen fertigen Verlauf, indem Sie in der Optionsleiste das Pop-up-Menü öffnen.

3. Klicken Sie mit der Maus auf einen Anfangspunkt innerhalb der Auswahl, halten Sie die Maustaste gedrückt und lassen Sie sie an einem Endpunkt los. Am gleichmäßigsten verteilen sich die Farben, wenn Sie den Verlauf quer durch die ganze Auswahl ziehen.

Einen Verlauf einstellen

Hinweis

Über das *Füllwerkzeug*, mit dem man auch Bereiche füllen kann, lesen Sie im *Kapitel 7: Retuschieren und Manipulieren.*

Auswahlpinsel

Photoshop Elements 2.0 bietet zur Erzeugung von Auswahlen außerdem einen Auswahlpinsel an, der mit zahlreichen unterschiedlich weich- oder hartkantige Spitzen arbeiten kann. Mit diesem Pinsel können Sie auch sehr feine Bereiche, z.B. ganz schmale Ränder wie den Rand einer Kaffeetasse, gut definieren. Für diesen Zweck eignet sich der Auswahlpinsel tatsächlich hervorragend, er erfordert aber mal wieder eine ruhige Hand (und vor allem eine gut laufende, nicht stockende Maus – wie leidvolle Erfahrungen gezeigt haben!).

1. Sie aktivieren den *Auswahlpinsel* in der Standard-Werkzeugleiste.

2. Wählen Sie in der Optionsleiste mithilfe des Schiebereglers des Feldes *Größe* eine Pinselgröße.

3. Im Feld *Modus* stellen Sie ein, ob Sie die Auswahl oder die Maskierung festlegen möchten. Mit der Option *Auswahl* definieren Sie den Bereich, der innerhalb der Auswahl liegen soll, mit der Option *Maskieren* wird der außerhalb der Auswahl liegende Bereich definiert. Mit der Einstellung *Maskierung* können Sie auch noch festlegen, mit welcher Farbe das Element übermalt werden soll. Klicken Sie hierzu auf die kleine Farbbox.

4. Malen Sie dann mit gedrückter Maustaste über den Bereich.

Ein Beispiel: Konturen nachzeichnen

Die Abbildung unten zeigt mit dem Auswahlpinsel ausgewählte Lippenkonturen (Achtung: nicht den Mund als ganzes) mit der Option *Auswahl* (Bearbeitungen wirken sich nur auf den Bereich der Linien aus, also nicht etwa auf die Lippen).

Per Auswahlpinsel ausgewählte Lippenkonturen

Mit dem Pinsel (das Werkzeug *Werkzeugspitze*) wurde dann der ausgewählte Bereich in einer dunkleren Farbe ausgemalt. Dafür war dann keine Feinarbeit mehr notwendig, denn der Bereich war ja ausgewählt, sodass man in aller Ruhe darüber fahren konnte. Dann wurde die Auswahl aufgehoben und voilà, fertig war das Make-up, die Lippen wirken wie mit einem Konturstift nachgezeichnet.

Lippen-Make-up per Auswahlpinsel

Um es noch einmal deutlich zu machen: Die Abbildung unten zeigt das gleiche Bild, aber als Modus wurde vor dem Malen mit dem Auswahlpinsel *Maskierung* gewählt. Mit dieser Einstellung würde das gesamte Gesicht und der Mund von Bearbeitungen betroffen sein, nur nicht die Linie um die Lippen herum, da sie per Auswahlpinsel geschützt wurde (das macht nicht viel Sinn, und soll nur den Unterschied zwischen den beiden Modi herausstellen!).

Lippenkonturen, ausgewählt im Modus Maskierung

Auswahlbereiche kopieren, verschieben etc.

Abgesehen davon, dass Sie Auswahlbereiche mit diversen Werkzeugen verändern und so vom Rest des Bildes abheben können, können Sie diese Bereiche auch kopieren, um sie in die Zwischenablage zu legen.

Erstellen Sie einfach eine Auswahl und wählen Sie *Bearbeiten > Kopieren* oder drücken Sie Strg+C. Die Auswahl landet in der Zwischenablage. Sie können die kopierte Auswahl nun in eine neue Datei einfügen oder in ein anderes bzw. auch das gleiche Bild. Verwenden Sie dazu den Befehl *Bearbeiten > Einfügen* oder drücken Sie Strg+V.

Eine Auswahl kopieren

Einfügen und verschieben

Um eine kopierte Auswahl in ein Bild einzufügen und zu platzieren, müssen Sie nach dem Einfügen in der Regel das *Verschiebe-Werkzeug* aktivieren. Machen Sie also Folgendes:

1. Öffnen Sie das Bild, in das Sie die Kopie einfügen möchten.

2. Wählen Sie *Bearbeiten > Einfügen*.

3. Klicken Sie auf *Verschieben-Werkzeug* in der Standard-Werkzeugleiste, um einen Rahmen mit Ziehpunkten zu erhalten.

4. Setzen Sie den Mauszeiger in die Auswahl und ziehen Sie den Bereich mit gedrückter Maustaste an die neue Position.

5. Sie sehen, dass die Auswahl Ziehpunkte erhalten hat. An diesen Punkten können Sie den Bereich durch Ziehen mit gedrückter Maustaste vergrößern oder verkleinern.

Hinweis

Auswahlen lassen sich bei aktivem *Verschiebe-Werkzeug* übrigens auch drehen. Halten den Mauszeiger an den Begrenzungsrahmen; sobald der Zeiger eine gebogene Form annimmt, lässt sich die Auswahl frei drehen.

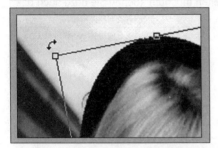

Auswahlbereiche lassen sich drehen.

Eine Auswahl in ein neues Bild einfügen und platzieren

In dem Beispiel wird der kopierte Bereich, der Kopf, auf einen anderen Körper gesetzt. Das passt noch nicht perfekt, müsste also im "Ernstfall" noch weiter bearbeitet werden, z.B. mit dem *Radiergummi* oder dem *Kopierstempel*, um den Hintergrund anzugleichen. (Zu beiden Werkzeugen finden Sie Erklärungen im *Kapitel 7: Retuschieren und Manipulieren*.)

> **Hinweis**
>
> Wenn Sie ein Bild mit einer eingefügten Auswahl bearbeiten möchten, müssen Sie auch darauf achten, dass Sie in der richtigen Ebene arbeiten. Werfen Sie einen Blick auf die *Ebenen-Palette (Fenster > Ebenen)* und aktivieren Sie durch Mausklick die Ebene, also den Bildteil, den Sie bearbeiten möchten. (Sehen Sie dazu auch das *Kapitel 8: Der Umgang mit Ebenen.*)

Die richtige Ebene muss zum Bearbeiten aktiv sein.

Eingefügte Auswahlen entfernen

Wenn Sie eine Auswahl, die Sie in ein Bild eingefügt haben, wieder aus diesem Bild entfernen möchten, müssen Sie die entsprechende Ebene entfernen. (Der Umgang mit Ebenen wird im *Kapitel 8: Der Umgang mit Ebenen* beschrieben. Insofern ist die Beschreibung an dieser Stelle nur ein kurzer Vorgriff auf genauere Erklärungen in dem entsprechenden Kapitel.)

1. Öffnen Sie gegebenenfalls die Ebenen-Palette über *Fenster > Ebenen.*
2. Klicken Sie in der Palette auf die Ebene mit der Kopie, um sie zu markieren.
3. Klicken Sie die Ebene mit der rechten Maustaste an, um das Kontextmenü zu öffnen.
4. Wählen Sie im Kontextmenü den Befehl *Ebene löschen.*
5. Bestätigen Sie die Nachfrage.

Neue Dateien mit Auswahlen

Photoshop Elements bietet eine schnelle Möglichkeit, mit einem in die Zwischenablage kopierten Bereich eine neue Datei anzulegen.

Im Menü *Datei* finden Sie den Befehl *Neu aus Zwischenablage.* Wenn Sie also eine Auswahl kopiert haben, können Sie einfach diesen Befehl benutzen, um eine neue Datei mit der Kopie der Auswahl zu erstellen. Die Auswahl legt sich auf einen transparenten Hintergrund.

Aus einer ellipsenförmigen Auswahl wurde eine neue Datei erstellt.

Selbstverständlich können Sie auch "klassisch" eine neue Datei anlegen und dann die Auswahl – oder auch mehrere Auswahlbereiche – in dieses neue Bild einfügen.

Bild mit drei Auswahlbereichen

Die Abbildung unten zeigt drei Auswahlbereiche, die in ein neues Bild eingefügt wurden. Zunächst wurden die Auswahlen definiert. Um mehrere Auswahlbereiche auf einem Bild zu erstellen, aktivieren Sie – wie weiter oben bereits beschrieben – nach der Festlegung der ersten Auswahl das Symbol *Der Auswahl hinzufügen* in der Optionsleiste. Dann ziehen Sie die nächste Auswahl auf.

Da die dritte Auswahl von einem anderen Bild stammt, wurden die ersten Auswahlen zunächst kopiert und dann in eine neue Datei eingefügt.

Eine neue Datei ist schnell angelegt:

1. Wählen Sie im Menü *Datei* die Option *Neu*.

2. Geben Sie der Datei einen Namen und legen Sie die Größe fest.

3. Im Bereich *Inhalt* legen Sie den Hintergrund fest. Sie sehen, dass Sie die Wahl haben zwischen *Weiß*, *Hintergrundfarbe* (dies ist die aktuell eingestellte Farbe, d.h. also die, die Sie im Symbol für die Hintergrundfarbe in der Werkzeugleiste sehen) oder *Transparenz*.

Dann wurde die dritte Auswahl definiert, kopiert, ebenfalls in die neue Datei eingefügt und mit dem *Verschieben-Werkzeug* richtig platziert.

Drei Auswahlen wurden in eine neue Datei eingefügt.

Auswahlbereiche speichern

Wenn Sie sich viel Mühe mit der Definition einer Auswahl gemacht haben, kann es mitunter sinnvoll sein, diese Auswahl zu speichern, um sie gegebenenfalls wieder parat zu haben, sodass Sie sie (erneut) bearbeiten können. Sie speichern Auswahlen zusammen mit dem Bild, das die Auswahl enthält. Wenn Sie die Auswahl laden, sehen Sie wieder das Bild mit der gespeicherten Auswahl.

1. Legen Sie auf einem Bild eine Auswahl fest.
2. Wählen Sie im Menü *Auswahl* den Befehl *Auswahl speichern.*
3. Geben Sie der Auswahl einen Namen und klicken Sie auf *OK.*

Sie können die Auswahl aufheben und das Bild schließen, müssen aber daran denken, es zu speichern. Wenn Sie das Bild nun öffnen, können Sie sich die gespeicherte Auswahl wieder anzeigen lassen. Klicken Sie dazu im Menü *Auswahl* auf *Auswahl laden* und wählen Sie im gleichnamigen Dialog in der Auswahlliste des Feldes *Auswahl* die gewünschte Auswahl aus.

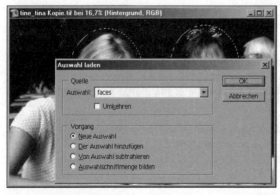

Auswahlen wieder laden

6. Spiel mit Licht und Farben

Wie Sie selbst wissen, hängt die Wirkung eines Bildes stark von den Farben und Lichtverhältnissen ab. Eine der Stärken von Bildbearbeitungsprogrammen – und so auch von Photoshop Elements – ist die Möglichkeit, eine Menge an den Farben und Farbtönen eines Bildes korrigieren zu können, wenn sie nicht optimal sind. Oft erkennt man auf den ersten Blick, dass dem Bild nachgeholfen werden muss, um wirklich farblich brilliant zu sein, mitunter sind die Schwächen aber auch etwas versteckter, sodass man sich am besten anhand bestimmter Dialoge über die Farben und Tonwerte informiert und dann nachbessert. Wenn Sie die richtigen Mittel zur Hand nehmen, können Sie erstaunliche Ergebnisse erzielen. Dabei können Sie sich bei der Optimierung auf Photoshop Elements verlassen und die Bildqualität im Prinzip per Mausklick verbessern oder selbst Regie führen und manuell differenzierte Einstellungen vornehmen.

Relevant bei der Korrektur sind vor allem die folgenden Aspekte: Tonwertkorrektur, Kontrast, Helligkeit, Belichtung sowie – diese Punkte können auch unter "Farbbalance" zusammengefasst werden – der Farbton und die Sättigung.

> **Hinweis**
>
> Sofern Bildbearbeitung für Sie neues Terrain ist, ist es durchaus möglich, dass Sie sich von den vielen Fachbegriffen, die gerade im Zusammenhang mit der Farbkorrektur eine Rolle spielen, etwas eingeschüchtert fühlen. Lassen Sie sich nicht entmutigen: Auch wenn Sie mit den Begriffen nicht so viel anfangen können, ist es möglich, die Instrumente anzuwenden und Bilder zu verbessern. Sie können einfach probieren und sehen ja, was jeweils passiert.

Es ist übrigens sinnvoll, die Korrektur in einer bestimmten Reihenfolge vorzunehmen, da die Einstellungen in Zusammenhang bzw. Wechselwirkung stehen. Faustregel: Beginnen Sie mit der Tonwertkorrektur, gefolgt von der Korrektur der Helligkeit/des Kontrastes und stellen Sie dann Farbtöne und Sättigung ein.

Ein Fall für die Tonwertkorrektur

Nehmen Sie sich ein Bild vor, das insgesamt blass, hell und kontrastarm wirkt. Zur Korrektur ist es empfehlenswert, die Anzeige auf 100% zu zoomen, da die Farben dann am sichersten angezeigt werden.

Das Bild ist flau und kontrastarm.

Das Bild zeigt den Ausschnitt einer Aufnahme eines Stadtplatzes. Die Farbtöne des Bildes sind schwach ausgeprägt, das Bild ist zu hell, der Hell-Dunkel-Kontrast lässt zu wünschen übrig. Dies ist zunächst ein Fall für eine Tonwertkorrektur. Der Tonwert beschreibt die Intensität der Farben auf einer Skala von 0% bis 100%, also im Prinzip Farbtöne.

Mit der Tonwertkorrektur besteht die Möglichkeit, den Tonwertumfang durch Einstellen der Helligkeitsstufen für Tiefen, Mitteltöne und Lichter zu verändern. Dabei können Sie alle RGB-Kanäle (also die einzelnen Farben) bearbeiten oder nur einen bestimmten Farbkanal. Durch Anpassung der Tonwertkorrektur kann ein Bild eine deutlichere Zeichnung erhalten und die Gesamthelligkeit der Aufnahme verändert werden.

1. Öffnen Sie das Menü *Überarbeiten* und zeigen Sie auf *Helligkeit/Kontrast anpassen.*
2. Wählen Sie im Untermenü *Tonwertkorrektur.*

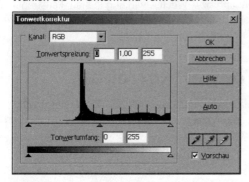

Der Dialog zur Tonwertkorrektur

Der Dialog *Tonwertkorrektur* stellt mithilfe eines Histogramms die Bilddaten grafisch dar. Durch die Veränderung der Helligkeitsstufen für Tiefen (dunkle Bildbereiche), Mitteltöne und Lichter (helle Bildbereiche) lassen sich Belichtungsprobleme in den Griff kriegen, Sie werden erstaunt sein, was aus einem zu hellen, kontrastarmen Foto werden kann.

Das Histogramm des Bildes

Das Histogramm des aktuellen Bildes macht deutlich, dass nur sehr wenige Pixel bzw. gar keine im äußeren Bereich (Tiefen) vorhanden sind. Daran lässt sich erkennen, dass die Verteilung der Pixel nicht ausgewogen ist, denn optimal sind die Farbtöne eines Bildes nur dann, wenn ganz weiße (Tonwert bei 100 %) und ganz schwarze Pixel (Tonwert bei 0 %) vorhanden sind.

Den Tonwert manuell korrigieren

Nun kommt der Trick:

Verschieben Sie den linken schwarzen Schieberegler der *Tonwertspreizung* nun ein bisschen nach rechts bis zur ersten Pixelgruppe. Werfen Sie dabei einen Blick auf das linke Feld der *Tonwertspreizung*. Die aktuelle Helligkeitsstufe ist 66, also nicht ganz schwarz. Durch das Verschieben wird den Pixeln der Wert 0 zugeordnet. Dadurch werden die dunkelsten Bereiche tatsächlich auf Schwarz eingestellt, Sie sehen den Effekt unmittelbar.

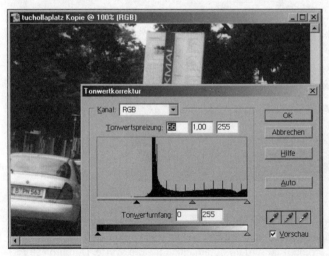

Den Pixeln wird ein neuer Wert zugeordnet und das Bild ist augenblicklich verbessert.

An dem Beispiel ist mit der Verschiebung des schwarzen linken Reglers im Prinzip viel erreicht worden. Das Histogramm nach der Tonwertkorrektur sieht nun so aus:

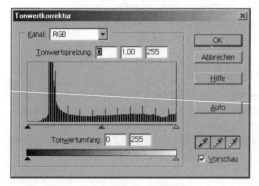

Das Histogramm nach der Tonwertkorrektur

Sofern das Bild aber auch im äußeren lichten Bereich keine Pixelgruppen aufweisen würde, müssten Sie mit dem weißen Schieberegler der *Tonwertspreizung* genauso verfahren, um ein optimales Ergebnis zu erzielen. Ein Beispiel zeigt die Abbildung.

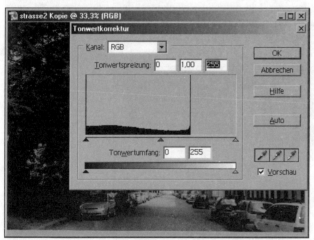

Im lichten Bereich fehlen Pixelgruppen.

Einem Helligkeitswert von 179 wird durch Verschieben zur ersten Pixelgruppe der Wert von 255 zugeordnet, sodass ganz weiße Pixel im Bild vorkommen. Pixel mit niedrigem Helligkeitswert erhalten außerdem automatisch hellere Werte. Durch diese Aktion erscheint das Foto deutlich strahlender.

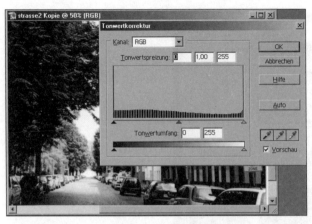

Das Bild und das Histogramm nach der Tonwertkorrektur

Gammawert

Sie sehen, dass der Schieberegler der *Tonwertspreizung* auch ein mittleres Dreieck besitzt. Dieses Dreieck ist zuständig für den Gammawert, also die Helligkeit eines Bildes. Wenn Sie es nach rechts verschieben, wird der Gammawert gesenkt (achten Sie auf das mittlere Feld der Tonwertspreizung, 1.00 ist als Standard eingestellt), das Bild wird insgesamt dunkler, ein Verschieben nach links bewirkt das Gegenteil.

> **Hinweis**
>
> Am besten, Sie probieren die Verbesserung der Bilder mithilfe der Tonwertkorrektur anhand eigener Fotos selbst aus. Sicherlich haben Sie ein paar Bilder, deren Lichtverhältnisse nicht optimal sind, in der Schublade. Wenn Sie sich nicht sicher sind, ob ein Foto einiger Korrekturen bedarf, können Sie sich von dem Histogramm auf die Sprünge helfen lassen.

Informationen durch ein Histogramm

So gut wie jedes Bildbearbeitungsprogramm verfügt über ein Histogramm. Mithilfe eines Histogramms kann man die Qualität eines Bildes sozusagen neutral ermitteln, wenn man dem subjektiven Eindruck und den eigenen Augen nicht ganz traut. Einem Histogramm können Sie die Pixelanzahl für jede Helligkeitsstufe entnehmen. Sie sehen, ob ein Bild genügend Details in den Tiefen, Mitteltönen und Lichtern hat.

Sobald Sie das Histogramm eines Bildes aufrufen, werden alle Pixel analysiert und auf einer Koordinate angezeigt. Auf der x-Achse werden die Tonwerte vom dunkelsten Wert 0 (ganz links) bis zum hellsten Wert 255 (ganz rechts) abgetragen. Die y-Achse zeigt die Gesamtzahl der Pixel einer bestimmten Helligkeitsstufe. Sie finden das Histogramm von Photoshop Elements im Menü *Bild*.

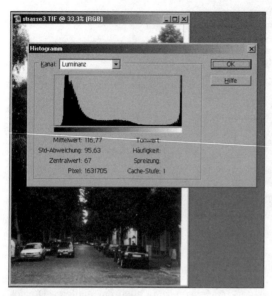

Das Histogramm eines Bildes

Im Feld *Kanal* können Sie einstellen, ob Sie die Luminanz des RGB-Kanals, also die Helligkeitswerte des gesamten Bildes, oder die Werte für einzelne Kanäle dargestellt haben möchten. Unterhalb der grafischen Darstellung erhalten Sie Informationen.

◆   Mittelwert: Gibt den durchschnittlichen Helligkeitswert an.

◆   Standardabweichung (Std-Abweichung): Gibt an, wie stark die Helligkeitswerte schwanken.

◆   Zentralwert: Gibt den Zentralwert der vorhandenen Helligkeitswerte an.

◆   Pixel: Die Gesamtzahl der berechneten Pixel.

◆   Tonwert: Um hier einen Wert zu sehen, müssen Sie mit dem Mauszeiger über eine Stelle im Diagramm fahren. Die jeweilige Helligkeitsstufe direkt an der Stelle des Mauszeigers wird angezeigt.

◆   Häufigkeit: Zeigt die Gesamtzahl der Pixel an, die diese Helligkeitsstufe haben.

◆   Spreizung: Zeigt den Prozentsatz der Pixel an, die sich auf und unterhalb der Helligkeitsstufe des Mauszeigers befinden. Dieser Wert wird als Prozentsatz aller Pixel im Bild dargestellt.

◆   Cache-Stufe: Gibt die Einstellung für den Bild-Cache an. Wenn bei den Voreinstellungen die Option *Cache für Histogramme verwenden* aktiviert ist, werden Histogramme schneller, aber weniger exakt angezeigt. Sollen Histogramme so exakt wie möglich sein, deaktivieren Sie diese Option (*Bearbeiten > Voreinstellungen > Arbeitsspeicher und Bildcache*. Hier können Sie auch eine andere Cache-Stufe wählen, mit der Stufe 1 werden alle Pixel angezeigt.).

Tonwertkorrektur auf die Schnelle

Wenn Ihnen die Handgriffe im Dialog *Tonwertkorrektur* zu mühselig sind, bietet Photoshop Elements auch eine einfache Variante. Sie finden die Option im Menü *Überarbeiten > Auto-Tonwertkorrektur*.

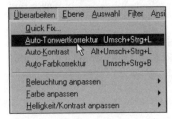

Die automatische Tonwertkorrektur rufen Sie im Menü Überarbeiten *auf.*

Durch einen Klick auf die Option wird die Korrektur direkt ausgelöst. Probieren Sie es aus, Sie werden feststellen, dass Photoshop Elements ordentliche Arbeit leistet, und Fotos mit einem Rutsch verbessert werden. Ein Beispiel: Die Abbildung einer Straße, die deutlich zu dunkel war, sieht nach der automatischen Korrektur fast optimal aus.

Ein Bild mit korrigiertem Tonwert

Helligkeit und Kontrast einstellen

Als Kontrast bezeichnet man den Unterschied zwischen hellen und dunklen Bildteilen. Kontrastreiche Bilder enthalten in der Regel sehr dunkle und helle Bildteile mit wenigen Abstufungen dazwischen, kontrastarmen Bildern mangelt es an Gegensätzen, deshalb wirken sie flau. Am Histogramm würde man erkennen, dass rein weiße und rein schwarze Pixel fehlen.

Mit Photoshop Elements können Sie Bilder kontrastreicher machen, oder den Kontrast auch reduzieren. Zum einen steht dafür eine Korrektur auf die Schnelle zur Verfügung, zum anderen können Sie manuell korrigieren. Im gleichen Dialog lässt sich die Helligkeit verändern.

Schnelle Kontrast-Korrektur

Die Schnellkorrektur finden Sie im Menü *Überarbeiten*. Klicken Sie auf *Auto-Kontrast*.

Durch diese Aktion werden den hellsten Pixeln im Bild Weiß-Werte zugewiesen, den dunkelsten Pixeln Schwarz-Werte. Mitunter reicht dieser einfache Weg, wobei die Farben der Bilder nicht zu kontrastarm sein dürfen.

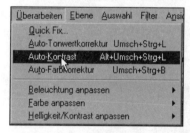

Der Befehl Auto-Kontrast

Kontrast/Helligkeit selbst bestimmen

Um den Kontrast selbst zu bestimmen, rufen Sie den Dialog *Helligkeit/Kontrast* auf. Hier können Sie den Tonwertbereich korrigieren, allerdings nicht so differenziert wie im Dialog *Tonwertkorrektur*.

1. Zeigen Sie im Menü *Überarbeiten* auf *Helligkeit/Kontrast anpassen*.

2. Wählen Sie im Untermenü *Helligkeit/Kontrast*.

3. Variieren Sie im gleichnamigen Dialog die Helligkeit und/oder den Kontrast, indem Sie den/die Schieberegler betätigen. Ist das Bild zu dunkel und fehlt Kontrast, ziehen Sie den Regler bzw. beide Regler nach rechts. Achten Sie darauf, dass die Option *Vorschau* aktiviert ist, sodass Sie die Auswirkungen unmittelbar betrachten können. Wenn Sie zufrieden sind, klicken Sie auf *OK*.

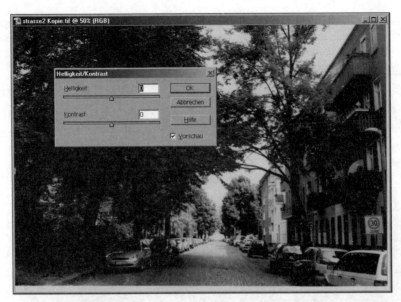

Kontrast/Helligkeit ändern

Wenn Sie die Schieberegler auf ihre Extrempositionen ziehen, kommt es übrigens zu interessanten, fast verfremdenden Effekten. Probieren Sie es einmal aus.

Bild mit voller Kontraststufe

Denken Sie daran, dass Sie auch eine Auswahl oder mehrere Auswahlen festlegen können, sodass sich die Veränderungen nur auf die Auswahlbereiche auswirken. Auch das kann spannende Akzente setzen.

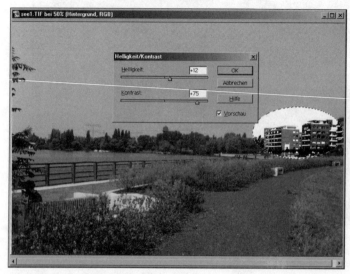

Akzente setzen mit veränderten Auswahlen

Gegenlicht und andere Probleme

Wenn der Papa unbedingt Söhnchen fotografieren musste, obwohl er direkt im Gegenlicht spielte, ist das Resultat problematisch. Der bildwichtige Teil ist in der Regel viel zu dunkel, oft ist er nur im Umriss zu erkennen. Das Foto müsste im Prinzip neu gemacht werden – was bei einem Schnappschuss schlecht geht – oder man behilft sich bei der Aufnahme mit einem manuell dazu geschalteten Aufhellblitz, der in der Regel zur Ausstattung moderner Kameras gehört. (Natürlich gibt es auch viele Situationen, in denen der Effekt von Gegenlicht gewollt ist.)

Gegenlicht korrigieren

Wenn Sie Ihr Foto mit einem Programm wie Photoshop Elements nachbearbeiten, lassen sich die Fehler einer Gegenlichtaufnahme ausgleichen. Photoshop Elements bietet dafür sogar eine spezielle Funktion. Sie finden den Befehl ebenfalls im Menü *Überarbeiten*.

1.   Wählen Sie *Beleuchtung anpassen > Gegenlicht*.
2.   Verschieben Sie den Regler.

Empfinden Sie das Bild nun insgesamt zu dunkel, können Sie es im Dialog *Helligkeit/Kontrast* (*Überarbeiten > Helligkeit/Konstrast anpassen > Helligkeit/Kontrast*) weiter bearbeiten.

Die Abbildung zeigt (links) das Foto mit Gegenlicht, das hier zwar bewusst eingesetzt, aber zu Demonstrationszwecken relativiert wurde (rechts). Für die "Korrektur" wurde der Gegenlichtregler sehr weit verschoben und danach sowohl die Helligkeit als auch der Kontrast erhöht. (Das Original-Foto stammt von Mario Tumm und ist zu entdecken unter *www.matudesign.de*)

Das Gegenlicht wurde korrigiert.

Unterbelichtete Fotos korrigieren

Es zeigt sich immer wieder, dass der gekonnte Umgang mit Licht der Schlüssel zu gelungenen Bildern ist. Fotografieren bei schwachem Tageslicht, Nachtfotografie mit Langzeitbelichtung, Kunstlichtquellen etc. sind immer problematisch. Die Voraussetzung für halbwegs akzeptable Fotos ist, dass man sowohl vorhandenes Licht effektiv nutzt als auch mit Blitz nachzuhelfen weiß.

Unterbelichtete Fotos zeigen keinen Teil eines Bildes hell genug. Zwar wird meistens im Labor (sofern keine Digitalkamera benutzt wurde) versucht, die Fehlbelichtung auszugleichen, im Ergebnis erhält man dann oft eine Art Grauschleier. Gut, dass Sie dann Photoshop Elements zur Hand haben. Mit an Bord ist ein spezielles Instrument zum Nachbessern.

1. Öffnen Sie das Menü *Überarbeiten.*

2. Wählen Sie *Beleuchtung anpassen* und im Untermenü *Aufhellblitz.*

3. Verschieben Sie den Helligkeitsregler und gegebenenfalls auch den Regler *Sättigung.*

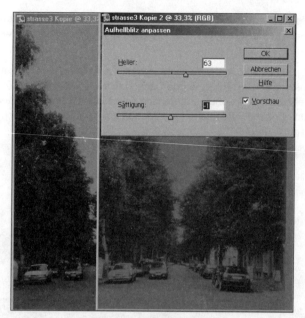

Das Foto mit dem Aufhellblitz verbessern

Klassische Fototechnik – Belichtungswerkzeug

Noch mehr Feintuning zur Behebung von Belichtungsproblemen bieten zwei weitere Instrumente von Photoshop Elements, die der klassischen Fototechnik entstammen. Dies sind der *Abwedler* und der *Nachbelichter*, die in der Standard-Werkzeugleiste zu finden sind. Um dunkle Partien heller zu machen, wählen Sie den *Abwedler*. Denken Sie daran, vorher gegebenenfalls eine Auswahl zu definieren. Erfahrungsgemäß klappt der Abwedler am besten bei ganz glatten Flächen, bei komplexen Formen entsteht leicht ein nicht gewollter verwischter Eindruck.

1. Klicken Sie auf das Symbol *Abwedler*.

2. Stellen Sie die Größe ein, indem Sie auf den Pfeil am Feld *Größe* in der Optionsleiste klicken und den Schieberegler betätigen. Nehmen Sie für relativ großflächige Bereiche, die Sie mit dem *Abwedler* verbessern möchten, möglichst einen großen Pinsel, damit das Ergebnis schön gleichmäßig aussieht.

3. Bestimmen Sie den Bereich, den Sie nachbessern möchten: *Tiefen*, *Mitteltöne* oder *Lichter*.

4. Im Feld *Belichtung* können Sie mithilfe des Reglers noch die Intensität der Belichtung festlegen. Je höher der Wert ist, desto stärker wirkt der *Abwedler*. Seien Sie vorsichtig und nehmen Sie besser einen niedrigen Wert, sonst hellen Sie die Partie sehr schnell viel zu deutlich auf, und das Ergebnis wirkt unnatürlich und ein wenig grau. Wiederholen Sie das Prozedere lieber mehrfach, sodass Sie allmählich abwedeln.

Die Optionen des Abwedlers

5. Fahren Sie nun mit dem Instrument über die zu bearbeitenden Bereiche.

Hinweis

Der Umgang mit dem *Nachbelichter* ist identisch und wird deshalb hier nicht näher dargestellt.

Farbe anpassen

Neben den bisher angesprochenen Problemen wie Helligkeit, Kontrast oder Gegenlicht geht es bei der Bildbearbeitung auch immer wieder darum, die Farbe selbst anzupassen und eine ausgewogene Farbbalance herzustellen.

Hinweis

Um hierbei mit ein wenig Sinn und Verstand vorzugehen, ist es mitunter von Vorteil, sich an einige Gesetze der Farbtheorie zu erinnern. (Blättern Sie also notfalls zurück zu *Kapitel 2: Grundlagen der Bilderwelt*.) Sie wissen dann eher, was warum geschieht und können die Instrumente gezielter einsetzen. Dennoch bleibt im Grundsatz natürlich das Motto bestehen: "Probieren geht über Studieren".

Die richtige Farbbalance

Der entscheidende Dialog zur Anpassung der Farbbalance ist der Dialog *Farbton/ Sättigung*, ebenfalls zu öffnen über das Menü *Überarbeiten*.

In diesem Dialog lässt sich der Farbton, die Sättigung und die Helligkeit definieren.

Hinweis

Sättigung bestimmt die Intensität der Farbtiefe und hat somit Einfluss auf die Leuchtkraft einer Farbe.

Dabei korrespondiert die Veränderung des Farbtons mithilfe des Reglers mit einer Bewegung entlang des Farbkreises, die Korrektur der Sättigung verläuft quer durch den Farbkreis. Die Erhöhung eines positiven Werts entspricht einer Bewegung im

Uhrzeigersinn, die Einstellung negativer Werte eine Bewegung gegen den Uhrzeiger-sinn. Die im Feld angezeigten Werte bezeichnen die Gradzahl der Position auf dem Farbkreis, wobei der Ausgangspunkt die ursprüngliche Farbe der Bildpunkte ist. Die Werte erstrecken sich von -180 bis +180. Probieren Sie die Korrektur an einem Foto am besten selbst aus.

1.   Öffnen Sie das zu bearbeitende Foto.

2.   Wählen Sie im Menü *Überarbeiten Farbe anpassen > Farbton/Sättigung*.

3.   Stellen Sie in dem Dialog im Feld *Bearbeiten* den Bereich ein, den Sie manipulie-ren möchten oder belassen Sie es bei *Standard*, um alle Farben gleichzeitig einzu-stellen. Es empfiehlt sich jedoch, einen Bereich auszuwählen.

4.   Verschieben Sie den Farbtonregler in die gewünschte Richtung und bis zu der gewünschten Korrektur bzw. Veränderung des Farbtons. Die in dem Feld jeweils angezeigten Werte entsprechen der Gradzahl der Drehung auf dem Farbkreis.

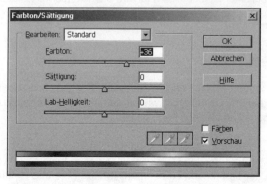

Den Farbton und die Sättigung anpassen

Achten Sie beim Schieben auf die Veränderung der unteren Farblinie. Hier können Sie verfolgen, wie sich die Farbtöne entsprechend des Farbkreises verschieben. Verschie-ben Sie beispielsweise Grüntöne nach links in den negativen Bereich, wandert das Grün (auf dem Kreis gegen den Uhrzeigersinn) zu den Gelb- und Rottönen, das Bild färbt sich entsprechend ein.

Sie können das Bild oder den ausgewählten Bereich auch mit einer Farbe aus dem Bild bearbeiten. Dazu müssen Sie im Feld *Bearbeiten* einen Farbton wählen, auf das Symbol für die *Pipette* und dann auf die Farbe im Bild klicken.

Mehr oder weniger Sättigung

Noch einmal etwas Theorie: In dem Modell des Farbkreises wird deutlich, wie und dass ein Farbton vom Rand zur Mitte hin abnimmt. Ganz in der Mitte, im Zentrum des Fadenkreuzes, ist die Farbsättigung Null. Dort befindet sich Weiß. Wie erwähnt, ver-läuft eine Veränderung der Sättigung im Dialog *Farbton/Sättigung* ebenfalls quer durch den Farbkreis. Je nach Anfangswert der Pixel bewirkt der Schieberegler *Sättigung*, dass die Farbe von der Mitte weg oder zur Mitte hin verschoben wird, wobei die Werte von -100 bis +100 reichen.

Wenn Sie beispielsweise als zu bearbeitende Farbe im Feld *Bearbeiten* Grüntöne einstellen und den Regler für die Sättigung ganz nach rechts auf +100 stellen, erhalten Sie ein regelrecht krasses Grün, wie an dem Beispiel, wenn es in Farbe wäre, zu sehen ist.

Die Sättigung eines Bildes verändern

Mit dem Schwamm arbeiten

Wie beim Aufhellen bzw. Abdunkeln (*Abwedler* und *Nachbelichter*) findet sich auch in der klassischen Fototechnik ein Werkzeug, mit dem Sie die Intensität einer Farbe reduzieren können. Das ist der *Schwamm*, den Photoshop Elements auch mit an Bord hat. Sie finden ihn in der Werkzeugleiste.

Sie benutzen ihn wie die meisten anderen Werkzeuge. Nach dem Aktivieren können Sie die *Größe* und den *Modus* in der Optionsleiste einstellen: *Sättigung verringern* und *Sättigung erhöhen*. Dann fahren Sie mit dem Werkzeug über die Bereiche, die Sie modifizieren möchten.

Bilder einfärben

Der Dialog *Farbton/Sättigung* bietet auch die Möglichkeit, ein RGB-Bild einheitlich zu kolorieren. Einzelne Kanäle können allerdings nicht bearbeitet werden, der Vorgang bezieht sich automatisch auf das gesamt Bild bzw. auf eine vorher festgelegt Auswahl. Sobald Sie den Befehl auslösen, wird das Bild mit der aktuellen Vordergrundfarbe (diese darf nicht Schwarz oder Weiß sein) getönt.

1. Klicken Sie im Dialog *Farbton/Sättigung* auf die Option *Färben*.

2. Verändern Sie gegebenenfalls den Farbton mit dem Schieberegler.

3. Stellen Sie gegebenenfalls Sättigung und Helligkeitswerte ein.

Die Möglichkeit der Kolorierung ist eine nette Spielerei. Vor allem, wenn Sie nur Auswahlen tönen, kann das einem Bild eine interessante Note verleihen. Sie sollten nicht versäumen, es auszuprobieren.

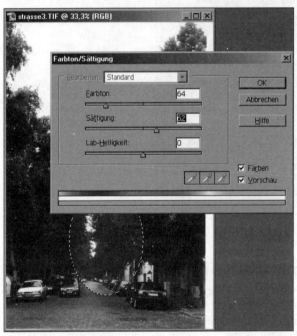

Bilder oder Auswahlen tönen

> **Hinweis**
>
> Sie können mit dieser Funktion auch den Effekt eines alten Fotos erzeugen, Sie wissen, diese typische Braun-Stichigkeit wie bei den Fotos von Oma! Nehmen Sie beispielsweise ein Graustufen-Bild (konvertiert in RGB-Modus) und stellen Sie als Farbe einen Gelb-Braun-Ton ein. Aktivieren Sie dann im Dialog *Farbton/Sättigung* die Option *Färben.* Korrigieren Sie den Farbton notfalls noch mit dem Schieberegler nach. Probieren Sie es aus, der Effekt ist verblüffend.

Farben ersetzen

Wem macht es keinen Spaß, in den Farbeimer zu greifen und Bilder bzw. Bildbereiche komplett neu einzufärben! Das gelingt mithilfe des Dialogs *Farbe ersetzen.* Der Trick: Es wird eine Maske um eine bestimmte Farbe gelegt und diese Farbe lässt sich dann durch Festlegen eines neuen Farbtons ersetzen.

Zum Probieren ist es ratsam, ein einfaches Bild mit klar abgegrenzten Komponenten zu öffnen.

1. Wählen Sie im Menü *Überarbeiten > Farbe anpassen* und im Untermenü *Farbe ersetzen.*

2. Aktivieren Sie die Option *Bild,* um das gesamte Bild in der Vorschau zu sehen oder die Option *Auswahl,* um die Maske bzw. den nicht maskierten Bereich (weiß) anzeigen zu lassen.

3. Ändern Sie gegebenenfalls die *Toleranz* mittels des Schiebereglers im oberen Bereich. Damit legen Sie fest, wie groß der Bereich zusammenhängender Farben ist, der durch die ausgewählte Farbe ersetzt wird.

4. Klicken Sie auf das Symbol *Pipette* und dann auf die Bildkomponente, deren Farbe Sie ersetzen möchten.

5. Wählen Sie mittels des Schiebereglers den *Farbton* aus, und gegebenenfalls die *Sättigung* und *Helligkeit.*

Die Farbe des ausgewählten Bereichs ändert sich nun entsprechend des gewählten Farbtons.

Wenn Sie bemerken, dass nicht alle Teile, die eingefärbt werden sollen, die neue Farbe annehmen, klicken Sie im Dialog auf das Symbol *Hinzufügen* (rechts neben Pipette) und dann auf den Bildteil, den Sie ebenfalls neu anmalen möchten. Möchten Sie Bereiche herausnehmen, benutzen Sie die Pipette *Entfernen.*

Bereiche mit einer neuen Farbe einfärben.

Farbstiche beheben

Ein Farbstich in einem Foto ist in der Regel ärgerlich und nicht gewollt. Photoshop Elements hilft bei der Beseitigung dieser lästigen Erscheinung.

1. Öffnen Sie im Menü *Überarbeiten Farbe anpassen* > *Farbstich.*
2. Im Dialog *Farbstich* klicken Sie auf die *Pipette.*
3. Klicken Sie mit der Pipette in einen möglichst neutralen grauen, weißen oder schwarzen Bereich des Bildes.

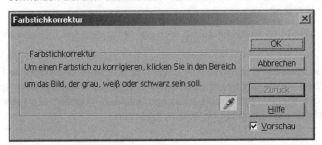

Einen Farbstich korrigieren

Dadurch verändert sich das Bild. Es wird entsprechend der gewählten Farbe ein wenig eingefärbt, der Farbstich reduziert.

> **Hinweis**
>
> Mitunter hilft eine andere Möglichkeit besser. Man kann auch versuchen, die Komplementärfarbe bzw. den Wert der Komplementärfarbe derjenigen Farbe, die den Farbstich erzeugt, heraufzusetzen, um so der Farbe des Farbstichs entgegenzuwirken und sie weniger intensiv zu machen.

Farbe anpassen per Mausklick

Wenn Ihnen die bisher beschriebenen Wege der Farbanpassung zu umständlich sind, bietet Photoshop Elements einen speziellen Dialog, der kleine Vorschauen enthält, die anzeigen, wie sich ein Bild durch Verstärkung oder Reduzierung von Farbwerten verändern würde. Mit einem Mausklick können Sie dann Ihre Auswahl treffen, und voilà, das Bild übernimmt die gewünschte Anpassung.

Öffnen Sie im Menü *Überarbeiten* über *Farbe anpassen* den Dialog *Farbvariationen*.

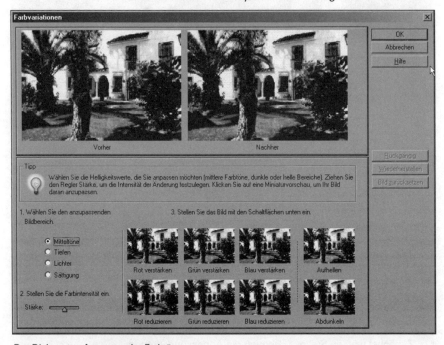

Der Dialog zum Anpassen der Farbtöne

Der Dialog erklärt sich fast von selbst. Sie können im unteren Bereich einstellen, welche Bildbereiche Sie verändern möchten, und mit dem Regler die Intensität bestimmen. Die Bildchen zeigen den Effekt dieser Einstellungen unmittelbar; wenn Sie auf eine der Miniaturen klicken, sehen Sie die Auswirkung im Bild *Nachher*. Möchten Sie weitere Farbtonänderungen vornehmen, klicken Sie die gewünschte Option unter den Vorschaubildchen an. Die aktuelle Einstellung überträgt sich sofort auf das Bild im Feld *Nachher.*

Fix mit QuickFix

Photoshop Elements 2.0 bietet einen Dialog zur Optimierung von Bildern, der ein wahrer Alleskönner ist. Hier schlagen Sie sozusagen fast alle Fliegen mit einer Klappe: Änderungen am Kontrast und Tonwertbereich, an der Helligkeit, Sättigung und dem Farbton, Korrektur von Farbstichen, Scharf- oder Weichzeichnung und sogar Drehen und Spiegeln von Bildern ist möglich. Sie rufen diesen Dialog, der sehr passend *QuickFix* heißt, im Menü *Überarbeiten* auf.

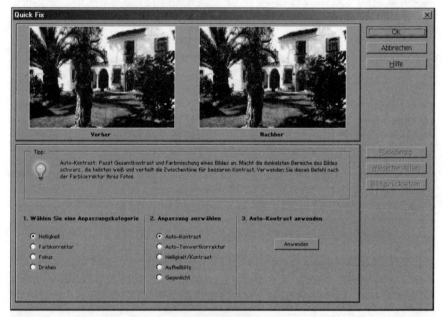

Der Dialog Quick Fix *zur Farbanpassung in einem Rutsch*

Wie im Dialog *Farbvariationen* sehen Sie ein Vorschaubild im Original und nach vorgenommenen Änderungen. Die Arbeit mit diesem Dialog gestaltet sich folgendermaßen:

1. Zunächst wählen Sie im 1. Bereich die Anpassungstheorie.

2. Je nach gewählter Kategorie bietet der 2. Bereich (Anpassung wählen) diverse Einstellungsmöglichkeiten; wenn Sie eine der Optionen aktivieren, werden zum Teil vordefinierte Einstellungen automatisch angewendet, zum Teil werden Schieberegler geöffnet, mit deren Hilfe Sie das Feintuning übernehmen.

3. Ein Klick auf die Schaltfläche *Anwenden* übernimmt die Standard-Vorgaben.

1. Wählen Sie eine Anpassungskategorie	2. Anpassung auswählen	3. Helligkeit/Kontrast anwenden
⊙ Helligkeit	○ Auto-Kontrast	Helligkeit: [0]
○ Farbkorrektur	○ Auto-Tonwertkorrektur	
○ Fokus	⊙ Helligkeit/Kontrast	Kontrast: [0]
○ Drehen	○ Aufhellblitz	
	○ Gegenlicht	

Je nach aktivierter Option erscheinen Einstellungsmöglichkeiten.

Den Farbmodus ändern

Im *Kapitel 2: Grundlagen der Bilderwelt* wurde kurz beschrieben, was es mit der Farbtiefe auf sich hat. Standardmäßig liegen die Bilder, die Sie in Photoshop Elements öffnen, im RGB-Modus vor, haben also eine Farbtiefe von 24 Bit. Mit ihren drei Farben bzw. Kanälen können RGB-Bilder 16,7 Milliarden Farben auf dem Bildschirm darstellen.

Nun ist es durchaus möglich, ein Bild in einen anderen Modus zu konvertieren, bedenken Sie aber, dass bei einer solchen Konvertierung Bild-Informationen verloren gehen, die dann schlicht und ergreifend nicht mehr herzustellen sind. Daher ist es sinnvoll, das Bild vor einer eventuellen Umwandlung in einen anderen Modus zu bearbeiten, danach ist unter Umständen Vieles nicht mehr möglich.

Sie können Bilder in den Bitmap-Modus, Graustufen-Modus oder in den Modus *Indizierte Farben* konvertieren. Die entsprechenden Befehle rufen Sie über *Bild > Modus* auf.

Konvertierung in den Bitmap-Modus

Wenn Sie ein RGB-Bild in den Bitmap-Modus umwandeln möchten, macht Photoshop Elements Sie darauf aufmerksam, dass das Bild zunächst in Graustufen konvertiert werden muss. Der direkte Weg von RGB zum Bitmap-Modus funktioniert nicht.

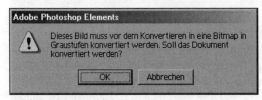

Die Konvertierung funktioniert nur nach der Umwandlung in Graustufen.

Nach dem Umwandeln in ein Bitmap hat das Bild nur noch eine Farbtiefe von einem Bit, es können also nur noch schwarze oder weiße Pixel dargestellt werden. Es gibt aber Unterschiede hinsichtlich der Konvertierungsmethode. Diese Methoden werden in der Auswahlliste des Feldes *Verwenden* im Dialog *Bitmap* angeboten. Sie führen alle zu einem anderen Ergebnis:

◆ *Diffusion-Dither*: Mit dieser Methode erhalten Sie ein halbwegs gutes Ergebnis, die Pixel werden nach einer Zufallsverteilung konvertiert.

◆ *Muster-Dither*: Die Grautöne werden durch Rasterung simuliert, allerdings in geometrischer Anordnung, sodass mitunter ein Muster zu erkennen ist.

◆ *Schwellenwert 50 %*: Konvertiert Pixel in Schwarz oder Weiß. Dies erzeugt ein sehr kontrastreiches Bild.

Werfen Sie einen Blick auf die Abbildung unten. Anhand dieser Abbildung, die alle drei Varianten zeigt, können Sie die Unterschiede einigermaßen deutlich erkennen.

Die Resultate nach einer Konvertierung in den Bitmap-Modus, von links nach rechts in der oben genannten Reihenfolge

Der Indizierte Farben-Modus

Unter Umständen ist die Konvertierung in *Indizierte Farben* empfehlenswert, z.B. wenn das Foto für das Internet gedacht ist. Die Dateigröße von Bildern in diesem Modus ist geringer, da bei der Umwandlung eine – auf 256 Farben beschränkte – Farbtabelle erzeugt wird, die nur die Farben enthält, die tatsächlich im Bild vorkommen bzw. umgekehrt das Bild nur noch aus Farben besteht, die in der Farbtabelle enthalten sind. Offensichtlich ist, dass im Vergleich zu einem Bild mit 16,7 Millionen Farben eine ganze Reihe von Farben verloren gehen. Sind Farben im Bild enthalten, die nicht in der Farbtabelle sind, werden diese Farbtöne des Bildes durch den „ähnlichsten" Farbton der Farbtabelle ersetzt. Die Kunst ist es also, die „richtige" Farbtabelle zu wählen/zu erstellen. Die Wahl der "richtigen" Farbtabelle ist abhängig von dem gewünschten Verwendungszweck des Bildes. Lesen Sie dazu bitte zunächst die Erklärungen der relevanten Farbpaletten.

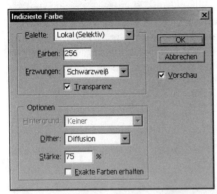

In den Modus Indizierte Farben *konvertieren*

In dem Dialog, den Sie über *Bild > Modus > Indizierte Farben* aufrufen, können Sie einige Entscheidungen treffen.

Auswahl einer Palette

Im Feld *Palette* bietet Ihnen die Auswahlliste eine Reihe von Paletten an.

Relevant sind vor allem die Folgenden:

◆ *Exact:* Die Option erstellt eine Palette aus genau den Farben, die in dem Bild vorhanden sind, sofern das Bild selbst 256 Farben enthält.

◆ *System (Windows)*: Mit dieser Option wird die 8-Bit-Standard-Palette von Windows verwendet. RGB-Farben werden gleichmäßig verteilt.

◆ *Web*: Mit dieser Option wird eine websichere 216-Farben-Palette verwendet, die von allen Browsern auf allen Plattformen interpretiert werden kann.

◆ *Lokal (Perzeptiv)*: Diese Palette berücksichtigt vor allem Farben, die auf das menschliche Auge abgestimmt sind.

◆ *Lokal (Selektiv)*: Diese Palette ähnelt der perzeptiven Palette, legt allerdings Wert auf die Erhaltung von Farben für das WWW.

◆ *Lokal (Adaptiv)*: Die Palette wird aus den Farben erstellt, die im Bild am häufigsten vorkommen.

◆ *Eigene*: Mit dieser Option können Sie auch eigene Paletten erstellen, indem Sie eine Palette aus der Auswahlliste am Feld *Tabelle* auswählen, bearbeiten und speichern.

Wie Sie den Erklärungen der Farbpaletten entnehmen können, sind einige Paletten bereits für bestimmte Verwendungszwecke optimiert. Bedenken Sie aber, dass nicht unbedingt die Palette, die Ihrem Verwendungszweck entspricht, die besten Bildresultate erzielen wird, da unter Umständen viele Farben ersetzt werden müssen. Haben Sie z.B. ein Bild, das vorwiegend aus vielen verschiedenen Gelbtönen besteht und Sie wählen eine Farbpalette, die nur drei Gelbtöne beinhaltet, werden alle unterschiedlichen Gelbtöne des Bildes auf die drei Gelbtöne der Farbpalette reduziert. Hier wäre es sinnvoller, eine Farbpalette speziell für dieses Bild erstellen zu lassen. Diese Farbpalette wird sicherlich überwiegend aus Gelbtönen bestehen, sodass geringere Änderungen am Aussehen des Bildes festzustellen sein werden.

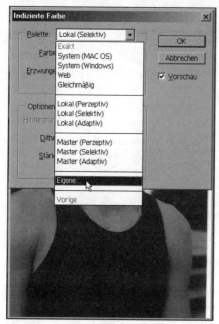

Die Paletten zum Umwandeln in Indizierte Farben

Zum Bearbeiten klicken Sie auf eine der Farbkacheln. Dies öffnet den Dialog *Farbwähler*, in dem Sie die aktuelle Farbe variieren können. Zum Speichern klicken Sie auf die entsprechende Schaltfläche und legen im gleichnamigen Dialog einen Speicherort und einen Namen für die Palette fest. Mit der Schaltfläche *Laden* im Dialog *Farbtabelle* können Sie eine gespeicherte Palette wieder aufrufen.

7. Retuschieren und Manipulieren

Wie Sie wissen, eröffnet die digitale Bildwelt fast unendliche Möglichkeiten der Manipulation. Die Programmierer der Bildbearbeitungsprogramme haben Ihnen die Instrumente in die Hand gegeben, Bilder in jeder Hinsicht verändern und neu gestalten zu können. Manche dieser Instrumente gehörten schon zum Repertoire klassischer Fototechniken, mit anderen kann man Manipulationen vornehmen, die tatsächlich nur mit der elektronischen Bildbearbeitung denkbar sind. Letztendlich liegt es an diesen Manipulationsmöglichkeiten, dass wir Bildern längst nicht mehr trauen dürfen und es wohl auch nicht mehr tun!

Klassische Instrumente

Das Set an eher klassischen Instrumenten finden Sie in der Standard-Werkzeugleiste. Sie können damit jeweils das gesamte Bild oder eine vorher erstellte Auswahl bearbeiten. Denken Sie beim Probieren und Experimentieren daran, dass Sie Aktionen am bequemsten wieder rückgängig machen, indem Sie im Menü *Bearbeiten* auf den Befehl *Schritt zurück* klicken bzw. auf das gleichnamige Symbol in der Symbolleiste. Zwischen der Verwendung der Retusche-Werkzeuge bestehen keine großen Unterschiede. Sie aktivieren das Werkzeug, nehmen gegebenenfalls Einstellungsänderungen in der Optionsleiste vor und bearbeiten das Bild, indem Sie mit gedrückter Maustaste über den entsprechenden Bereich des Bildes fahren. (Einige der Instrumente wurden im *Kapitel 6: Spiel mit Licht und Farben* an einige Beispielen bereits demonstriert, da sie sich auf die Farbintensität auswirken.)

> **Hinweis**
>
> Denken Sie daran, dass Sie die Bilder bzw. die Anzeige der Bilder vergrößern, wenn Sie an einzelnen Teilen arbeiten. Dann geht weniger schief. Klicken Sie dazu auf die Lupe in der Standard-Werkzeugleiste und achten Sie darauf, dass in der Optionsleiste das Symbol *Einzoomen* aktiv ist. Klicken Sie dann solange, bis der Ausschnitt die gewünschte Größe hat. Zum Verkleinern nehmen Sie das Symbol *Auszoomen*.

Werkzeug	Effekt
Weichzeichner	Mit dem Weichzeichner wirkt das Bild verschwommener, die Detailgenauigkeit wird verringert.
Scharfzeichner	Der Scharfzeichner macht Kanten deutlich schärfer, Details kommen stärker zur Geltung. Vorsicht, das Werkzeug erzeugt schnell einen punktierten Eindruck, besser ist der Unscharf-maskieren-Filter.

Werkzeug	Effekt
Schwamm	Die Verwendung des Schwamms verändert die Leuchtkraft der Farben. Je nach Einstellung im Feld *Modus* können Sie die Leuchtkraft verringern oder erhöhen.
Wischfinger	Mit dem Wischfinger "verschmieren" Sie Farbe. Wenn Sie die Option *Fingerfarbe* aktivieren, malen Sie mit der aktuellen Vordergrundfarbe, ansonsten mit der Farbe, die Sie zu Beginn der Aktion aufgenommen haben. Vorsicht, die Aktion verfremdet sehr stark!
Abwedler	Mit dem Abwedler können Sie Bildbereiche aufhellen. Details in dunklen Bereichen werden hervorgehoben.
Nachbelichter	Mit dem Nachbelichter können Sie Bildbereiche abdunkeln. Details in hellen Bereichen werden hervorgehoben.

Tabelle: Retusche-Werkzeuge

Das Foto wurde weichgezeichnet

Um unscharfe Bilder etwas schärfer zu machen, wählen Sie besser den Filter *Unscharf-maskieren* in der Kategorie *Scharfzeichnungsfilter*. Nähere Erklärungen finden Sie im *Kapitel 9: Wirkungsvolle Filter*.

Bereiche mit Farbe füllen – Ein blauer Himmel

Haben Sie ein hübsches Bild von einer hübschen Landschaft, aber leider überdeckt von einem grauen Himmel? Dann können Sie ein wenig schummeln und den Himmel einfärben. Dazu können Sie das *Füll-Werkzeug* benutzen. Damit werden Bereiche gefüllt, die einen ähnlichen Farbwert haben wie die Pixel, auf die Sie klicken.

1. Öffnen Sie das entsprechende Bild und stellen Sie zunächst die gewünschte Farbe ein. Öffnen Sie dazu den Dialog *Farbwähler*, indem Sie das Symbol *Vordergrundfarbe einstellen* anklicken.

2. Wählen Sie im Dialog eine Farbe. Bewegen Sie notfalls den Schieberegler, klicken Sie dann den Farbton im Vorschaufenster an.

3. Aktivieren Sie das *Füll-Werkzeug* in der Standardwerkzeugleiste (das Eimerchen) und klicken Sie – in der Regel mehrfach – in den Bereich, der gefüllt werden soll. Voilà, der Himmel leuchtet blau.

Besser ist es mitunter, den Bereich, den Sie ausfüllen, zunächst mit dem passenden Instrument auszuwählen. Am Beispiel könnten Sie versuchen, den Himmel mit dem Zauberstab möglichst sauber freizustellen und dann das *Füll-Werkzeug* auf den ausgewählten Bereich anwenden. Bei einer sauberen Auswahl können Sie dann – wie im *Kapitel 5: Bildbereiche auswählen* beschrieben – auch den Dialog *Fläche füllen* benutzen (*Bearbeiten > Fläche füllen*).

Der Himmel wird blau

Nacharbeiten

Das Ausfüllen eines Bereiches gelingt nicht immer auf Anhieb. Meistens müssen Sie ein paar Mal ansetzen, bis alles ausgefüllt ist, und dann wiederum kann es passieren, dass falsche Bereiche mit ausgefüllt werden. Im Extremfall hilft dann nur "nachpixeln", d.h. den Bereich bei großer Vergrößerung mehr oder minder Pixel für Pixel mit der richtigen Farbe auszumalen oder Pixel, die nach dem Ausfüllen die falsche Farbe haben, wegzuradieren. Am Beispielbild wurden Teile des Daches mit der Farbe für den Himmel ausgefüllt; das soll natürlich nicht so bleiben.

1. Wählen Sie in der Werkzeugleiste die *Pipette*.

2. Klicken Sie mit der *Pipette* auf die Farbe des Daches, die Sie mit der Pipette aufnehmen möchten.
3. Wählen Sie nun die *Werkzeugspitze* aus der Werkzeugleiste.

4. Vergrößern Sie das Bild so lange, bis Sie Pixelränder sehen können.
5. Stellen Sie in der Optionsleiste die passende Größe für die Werkzeugspitze ein und tragen Sie die Farbe auf.

Füllmethoden

Wenn Sie Bereiche mit dem Füll-Werkzeug füllen, haben Sie – wie Sie vermutlich entdeckt haben – die Wahl zwischen zahlreichen Füllmethoden. Neben dem Modus *Normal* bietet die Auswahlliste eine Menge anderer Methoden, die bestimmen, wie sich die Füllfarbe auswirkt und mit der Grundfarbe (der Originalfarbe) mischt. Ein kurzer Überblick (mit Ergebnisfarbe ist die Farbe gemeint, die beim Mischen der Grundfarbe und Füllfarbe entsteht):

Die Füllmethoden

◆ *Sprenkeln*: Jedes Pixel erhält beim Bearbeiten oder Malen die Ergebnisfarbe. Die Ergebnisfarbe ergibt sich dabei als zufällige Ersetzung der Pixel durch die Grund- oder die Füllfarbe und hängt von der Deckkraft an der Position des einzelnen Pixels ab.

◆ *Dahinter auftragen*: Funktioniert nur im transparenten Teil einer Ebene und entspricht dem Malen auf der Rückseite transparenter Bereiche einer Glasplatte.

◆ *Löschen*: Bearbeitet bzw. malt jedes Pixel und macht es transparent. Dieser Modus steht nur zur Verfügung, wenn für die Ebene die Option *Transparente Pixel fixieren* deaktiviert ist: (Sehen Sie dazu das *Kapitel 8: Der Umgang mit Ebenen*.)

◆ *Abdunkeln*: Wählt die jeweils dunklere Farbe (Grund- oder Füllfarbe) anhand der Farbinformationen in den einzelnen Kanälen als Ergebnisfarbe aus.

◆ *Multiplizieren*: Multipliziert die Grundfarbe anhand der Farbinformationen in den einzelnen Kanälen mit der Füllfarbe. Die Ergebnisfarbe ist immer eine dunklere Farbe.

◆ *Farbig nachbelichten*: Dunkelt die Grundfarbe anhand der Farbinformationen in den einzelnen Kanälen ab, um die Füllfarbe zu reflektieren.

◆ *Linear nachbelichten*: Dunkelt die Grundfarbe anhand der Farbinformationen in den einzelnen Kanälen durch Reduzierung der Helligkeit ab, um die Füllfarbe zu reflektieren.

◆ *Aufhellen*: Wählt die jeweils hellere Farbe (Grund- oder Füllfarbe) anhand der Farbinformationen in den einzelnen Kanälen als Ergebnisfarbe aus. Pixel, die dunkler als die Füllfarbe sind, werden ersetzt, und Pixel, die heller als die Füllfarbe sind, bleiben unverändert.

◆ *Negativ multiplizieren*: Multipliziert die Negative der Füll- und Grundfarbe anhand der Farbinformationen in den einzelnen Kanälen. Die Ergebnisfarbe ist immer eine hellere Farbe. Die Wirkung ähnelt dem Übereinanderprojizieren mehrerer Dias.

◆ *Farbig abwedeln*: Hellt die Grundfarbe anhand der Farbinformationen in den einzelnen Kanälen auf, um die Füllfarbe zu reflektieren.

◆ *Linear abwedeln*: Hellt die Grundfarbe anhand der Farbinformationen in den einzelnen Kanälen durch Erhöhen der Helligkeit auf, um die Füllfarbe zu reflektieren.

◆ *Ineinanderkopieren*: Führt eine Multiplikation bzw. Negativmultiplikation der Farben durch (abhängig von der Grundfarbe). Muster oder Farben überlagern die vorhandenen Pixel, wobei die Lichter und Tiefen der Grundfarbe erhalten bleiben. Die Grundfarbe wird mit der Füllfarbe gemischt, um die Lichter und Tiefen der Originalfarbe widerzuspiegeln.

◆ *Weiches Licht*: Dunkelt die Farben je nach der Füllfarbe ab oder hellt sie auf. Die Wirkung ähnelt dem Beleuchten des Bildes mit einem Spot-Strahler mit diffusem Licht.

◆ *Hartes* Licht: Führt eine Multiplikation bzw. eine Negativmultiplikation der Farben durch (abhängig von der Füllfarbe). Die Wirkung gleicht dem Beleuchten des Bildes mit einem Spot-Strahler mit direktem Licht.

◆ *Strahlendes Licht*: Belichtet die Farben nach bzw. wedelt sie ab, indem je nach Füllfarbe der Kontrast erhöht oder verringert wird.

◆ *Lineares Licht*: Belichtet die Farben nach bzw. wedelt sie ab, indem je nach Füllfarbe die Helligkeit erhöht oder verringert wird.

◆ *Lichtpunkte*: Ersetzt je nach Füllfarbe die Farben. Dieser Modus eignet sich, um Bildern Spezialeffekte hinzuzufügen.

◆ *Differenz*: Subtrahiert die Farbe (Grund- oder Füllfarbe) mit dem niedrigeren Helligkeitswert anhand der Farbinformationen in den einzelnen Kanälen von der Farbe mit dem höheren Helligkeitswert.

◆ *Ausschluss*: Erzeugt einen Effekt, der dem Modus *Differenz* ähnelt, aber kontrastärmer ist. Ein Füllen mit Weiß kehrt die Ausgangsfarbwerte um.

◆ *Farbton*: Erzeugt eine Ergebnisfarbe mit der Luminanz und der Sättigung der Grundfarbe und dem Farbton der Füllfarbe.

◆ *Sättigung*: Erzeugt eine Ergebnisfarbe mit der Luminanz und dem Farbton der Grundfarbe und der Sättigung der Füllfarbe.

◆ *Farbe*: Erzeugt eine Ergebnisfarbe mit der Luminanz der Grundfarbe und dem Farbton und der Sättigung der Füllfarbe. Die Graustufen bleiben erhalten, sodass Sie Schwarzweiß-Bilder kolorieren und Farbbildern einen Farbstich zuweisen können.

◆ *Luminanz*: Erzeugt eine Ergebnisfarbe mit dem Farbton und der Sättigung der Grundfarbe und der Luminanz der Füllfarbe. Dieser Modus hat die umgekehrte Wirkung des Modus *Farbe*.

Füllen mit Muster

◆ Bereiche lassen sich auch mit Mustern und Strukturen aller Art füllen. Im Angebot sind u.a. Gesteinsmuster, Naturmuster wie Blumen und Grass, oder Gewebemuster etc.

◆ Um diese Muster zu aktivieren, klicken Sie in der Optionsleiste des *Füll-Werkzeugs* im Feld *Füllung* die Option *Füllen mit*. Klicken Sie dann auf den Auswahlpfeil des Feldes *Muster* und auf den nach rechts weisenden Pfeil, um das Menü zu öffnen. Der untere Bereich enthält die unterschiedlichen Musterpaletten. Die Abbildung zeigt, wie die Rasenfläche allmählich mit dem Muster "Blaue Gänseblümchen" gefüllt wird. (Die Schwarz-Weiß-Abbildung kann den Effekt nur begrenzt wiedergeben, bei einem Farbfoto ist die Wirkung recht nett!)

Blumen wachsen lassen

Den Radiergummi benutzen

Manchmal ist es befriedigend, einfach etwas ausradieren zu können! Photoshop Elements bietet drei unterschiedliche Radier-Werkzeuge. Sie finden sie in der Standard-Werkzeugleiste.

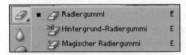

Die Varianten des Radierers

Sobald Sie den Radiergummi aktiviert haben, können Sie in der Optionsleiste die *Größe*, den *Modus* und die *Deckkraft* (im Modus *Werkzeugspitze* und *Buntstift*) einstellen. Wenn Sie dann über das Bild fahren, radieren Sie Pixel weg und zwar in der aktuellen Hintergrundfarbe (Symbol *Hintergrundfarbe einstellen*). Möchten Sie an den Rändern eines Bildes einiges korrigieren, ist es sinnvoll, das Bild soweit einzuzoomen, bis die Pixel erkennbar sind.

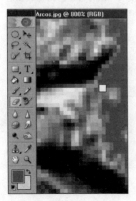

Pixel ausradieren

Hintergrund-Radiergummi

Der *Hintergrund-Radiergummi* arbeitet etwas anders als der normale Radierer. Er nimmt die Farbe in der Mitte des Werkzeugs auf und löscht diese Farbe da, wo Sie "radieren", also mit dem Pinsel über das Bild fahren. Dadurch lässt sich der Hintergrund radieren, und die Ränder eines Objektes im Vordergrund bleiben erhalten. Außerdem wird die Farbe an den Objekten extrahiert, sodass kein Farbkranz zu sehen ist, wenn Sie das Objekt in ein anderes Bild einfügen.

Achten Sie auch auf die Einstellungsmöglichkeiten in der Optionsleiste. Im Feld *Grenzen* können Sie wählen zwischen *Nicht aufeinander folgend* und *Aufeinanderfolgend*. Mit der ersten Option werden alle Bereiche ausradiert, die die aufgenommene Farbe enthalten, mit der zweiten Option alle Bereiche mit dieser Farbe, die miteinander verbunden sind.

Der Magnetische Radiergummi

Der *Magnetische Radiergummi* entfernt automatisch alle ähnlichen Pixel, die beieinander liegen und macht den ausradierten Bereich transparent. Bei Ebenen mit fixierter Transparenz (sehen Sie das *Kapitel 8: Der Umgang mit Ebenen*) nimmt der Bereich die Hintergrundfarbe an. Wie üblich können Sie in der Optionsleiste einige Varianten einstellen. Wenn Sie die Option *Aufeinander folgend* aktivieren, werden nur benachbarte Pixel gelöscht, ansonsten alle ähnlichen Pixel auf der Ebene. Nach allen Einstellungen klicken Sie in die zu löschenden Bereiche.

Nur benachbarte Pixel löschen oder nicht

Mit ein bisschen Geduld und Spucke ist der *Magnetische Radiergummi* sehr gut dazu einzusetzen, bestimmte Bereiche freizustellen. "Radieren" Sie die Hintergrundbereiche aus, und benutzen Sie dann den Zauberstab zum Freistellen. Klicken Sie also einfach in den transparenten Bereich. Dann kehren Sie die Auswahl um und voilà, fertig ist die Auswahl.

Hinweis
Arbeiten Sie mit einem möglichst großen Zoom. Dann haben Sie die volle Kontrolle über einzelne Pixel.

Nach und nach können Sie Pixelbereiche ausradieren.

Bei großflächigen einfachen Bereichen lässt sich der *Magnetische Radiergummi* prima einsetzen, um – beispielsweise – einen Hintergrund mit einem Mausklick transparent zu machen. Die Toleranz (Feld *Toleranz* in der Optionsleiste) muss dann unter Umständen sehr niedrig eingestellt sein.

Der Hintergrund wurde mit dem Magnetischen Radiergummi *mit einem Mausklick transparent.*

Elemente entfernen/hinzufügen

Wer hat nicht schon mal den Ex-Lover aus einem Foto entfernen wollen? Mit Photoshop Elements können Sie ihn (oder sie) endgültig in der Versenkung verschwinden lassen und das Foto danach wieder ohne Wutausbruch betrachten.

Das beste Instrument zum Entfernen von Bildelementen ist der *Kopierstempel*. Er nimmt einen Bildbereich auf, und fügt genau diesen Bereich mit jedem Malstrich ein. Der Kopierstempel ist allerdings mit Vorsicht zu genießen ist, da das gewünschte Ergebnis nicht immer auf Anhieb gelingt. Arbeiten Sie am besten mit einem Duplikat des Bildes (*Bild > Bild duplizieren*) und mit einem vergrößerten Zoom.

Der Kopierstempel

1. Aktivieren Sie den *Kopierstempel* in der Standard-Werkzeugleiste.

2. Werfen Sie einen Blick auf die Optionsleiste, eventuell möchten Sie hier Einstellungen ändern, z.B. die Deckkraft per Schieberegler neu einstellen. Wenn Sie Elemente abdecken möchten, muss die Deckkraft erfahrungsgemäß ziemlich hoch sein. Die Option *Ausgerichtet* (*Ausger*) sollte aktiviert bleiben, denn sie sorgt dafür, dass sich die Auswahlstelle mit jedem Klick dem Einfügebereich anpasst. Die *Größe* des Pinsels bestimmen Sie je nach Objekt, das Sie bearbeiten möchten.

Die Optionen des Kopierstempels

3. Klicken Sie auf die Stelle, die Sie aufnehmen bzw. kopieren möchten und halten Sie dabei die ⎇-Taste gedrückt. Kopieren Sie eine Stelle, die ganz in der Nähe des Elementes liegt, das Sie überdecken möchten, damit das Ergebnis möglichst natürlich aussieht und keine merkwürdigen Übergänge sichtbar sind. Theoretisch ist es aber gleichgültig, wo Sie den Ursprungsort setzen.

4. Fahren Sie mit kurzen Pinselstrichen über den Bereich bzw. das Element oder klicken Sie mehrfach. Die Stellen werden so mit dem aufgenommenen Ursprungspunkt übermalt.

5. Wenn Sie den Eindruck haben, dass der Bereich, den Sie mit der Kopie nach und nach abdecken, zu gleichförmig und deshalb unnatürlich wirkt (was leicht passieren kann), können Sie versuchen, das Ergebnis dadurch zu verbessern, dass Sie eine neue Stelle kopieren (Klick mit gedrückter ⎇-Taste) und diese "aufdrücken". Das können Sie ein paar Mal wiederholen.

Die Seelandschaft mit Häusern im Hintergrund

Die Häuser verschwinden allmählich im Hintergrund.

Noch ein paar Feinarbeiten und das Ergebnis wäre perfekt!

Wenn Sie ein Element nicht "nur" abdecken, sondern mithilfe des *Kopierstempels* Effekte auf das Bild zaubern möchten, probieren Sie einmal die unterschiedlichen Optionen im Feld *Modus* der Optionsleiste aus.

Musterstempel

Interessante Effekte erzeugt auch der *Musterstempel*. Sie finden ihn im Flyout des *Kopierstempels*. Sobald Sie das Werkzeug aktiviert haben, bietet die Optionsleiste eine Auswahl an Mustern, mit denen Sie eine Bildfläche bemalen können.

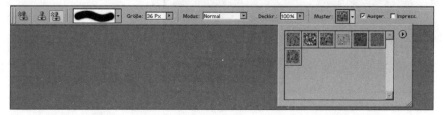

Ein Muster auswählen

Klicken Sie, nachdem Sie das Werkzeug aktiviert haben, auf den Auswahlpfeil am Feld *Muster*. Sie sehen eine Auswahl an Mustern. Ist nichts dabei, was Sie verwenden möchten, klicken Sie auf den nach rechts zeigenden Pfeil, um die Auswahl zu vergrößern. Im unteren Bereich des sich öffnenden Menüs finden Sie eine Reihe von weiteren Paletten, z.B. *Naturmuster* oder *Künstlerpapier*. Wenn Sie die Option *Ausgerichtet* (*Ausger.*) aktivieren, wird das Muster automatisch gleichmäßig wiederholt.

Wenn Sie sich für ein Muster entschieden haben, können Sie jeweils per Mausklick oder mit "Pinselstrichen" den Bereich damit ausfüllen.

Den Musterstempel anwenden

Eigene Muster erstellen

Nicht nur, dass Photoshop Elements eine ziemliche Fülle an Mustern parat hält, Sie können auch eigene erstellen und diese dann anwenden wie ein mitgeliefertes.

1. Ziehen Sie mit dem Auswahlrechteck ein Rechteck dort auf, wo Sie das Muster aufnehmen möchten, Achten Sie in der Optionsleiste auf die Einstellung *0Px* im Feld *Weiche Kante*.

2. Klicken Sie auf *Bearbeiten > Muster festlegen*.

3. Geben Sie dem neuen Muster einen passenden Namen und klicken Sie auf *OK*.

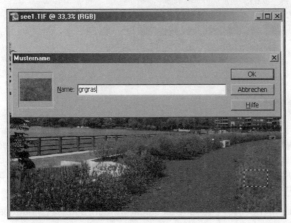

Ein Muster festlegen und benennen

Um das Muster anzuwenden, aktivieren Sie den *Musterstempel* aus der Werkzeugleiste. Im Pop-up-Menü des Feldes *Muster* in der Optionsleiste stellen Sie dann das neu erstellte Muster ein.

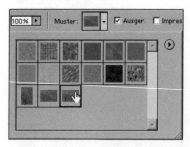

Das neue Muster auswählen

Sodann fahren Sie über den Bereich, der mit dem Muster gefüllt werden soll. Die Abbildung zeigt, wie auf dem Weg Gras "wächst"!

Hier wächst Gras!

Fotomontagen

Es ist nicht nur möglich, Elemente von einem Bild verschwinden zu lassen. Sie können Bilder auch um neue Elemente ergänzen und damit die Wirklichkeit ein bisschen – oder auch drastisch – verändern! Damit sich hinzugefügte Elemente gut in das Bild einpassen, ist es meistens erforderlich, das Element zuvor entsprechend zu bearbeiten. Das ist im Prinzip die Hauptarbeit, das Einfügen ist dann schnell gemacht.

In aller Regel muss das Element zuvor sauber freigestellt werden, sodass es nahtlos in ein anderes Bild eingefügt werden kann.

Vorbereitung: Freistellen

Als Beispiel wird ein Kind in ein Bild integriert. Der erste Schritt, der anfällt, ist die Freistellung. Da – im Beispiel – der Hintergrund relativ diffus ist, ist dies nicht ganz einfach. Mit ruhiger Hand kann man es mit dem Lasso probieren, besser klappt unter Umständen der Trick mit dem *Magnetischen Radiergummi*. Man kann also zunächst den Hintergrund möglichst sauber radieren, und das Objekt dann freistellen.

Den Hintergrund allmählich ausradieren

Nach der Arbeit mit dem Radierer lässt sich das Objekt relativ einfach freistellen, z.B. mit dem *Zauberstab* oder mit dem *Magnetischen Lasso*.

Das freigestellte Objekt

Einfügen und anpassen

Wenn Sie mit der Auswahl zufrieden sind, kann es mit der Montage losgehen:

1. Zum Einfügen des Objekts kopieren Sie die Auswahl, indem Sie *Bearbeiten > Kopieren* wählen.

2. Fügen Sie die Kopie in das andere Bild ein. Dazu klicken Sie auf *Bearbeiten > Einfügen.*

3. Achten Sie darauf, dass eine neue Ebene entstanden ist. Öffnen Sie gegebenenfalls die Ebenen-Palette (*Fenster > Ebenen*) und markieren Sie zunächst die richtige Ebene (die mit dem eingefügten Element). Wählen Sie dann das Werkzeug *Verschieben* in der Standard-Werkzeugleiste und schieben Sie das Objekt mit gedrückter linker Maustaste an die richtige Stelle.

An den Ziehpunkten können Sie die Größe anpassen. Ziehen Sie möglichst an den Eckgriffen, um die Proportionen beizubehalten.

Das Foto jetzt mit Kind

Beim Einfügen entsteht eine zweite Ebene. Die Ebene "Kind" enthält lediglich das eingefügte Objekt, also das Kind. Wenn Sie auf das Augensymbol klicken, wird diese Ebene ausgeblendet, mit dem Effekt, dass auf dem Weg kein Kind mehr zu sehen ist. Im *Kapitel 8: Der Umgang mit Ebenen* erfahren Sie mehr über Ebenen und ihre Bedeutung.

Ein Panoramabild erstellen

Sie kennen sicherlich das Gefühl, dass ein Foto eigentlich nur einen mageren Ausschnitt der Realität wiedergibt, weil es unmöglich war, die ganz Szenerie wirklich einzufangen. Insbesondere bei Landschaften geht oft viel "flöten", die Bergkette wirkt längst nicht so imposant oder der See nicht so groß und gewaltig wie Sie ihn in Erinnerung haben. Wollen Sie der Wirklichkeit ein Stückchen näher kommen, ist dies ein Fall für ein Panoramabild bzw. die Funktion *Photomerge* von Photoshop Elements.

Mit dieser Funktion können Sie Fotos zusammensetzen und so komponieren, dass sie im Endeffekt wie ein Foto aussehen. Allerdings ist die Aktion nicht unbedingt geeignet für spontane Überlegungen, im Gegenteil: Sie müssten schon während der Aufnahme daran denken, dass die Fotos zu einem zusammengefügt werden sollen. Ein paar Fotos zusammenzukramen, um daraus ein Panoramabild zu machen, macht naturgemäß keinen Sinn.

Voraussetzungen für die Aufnahme der Quellbilder

Photoshop selbst empfiehlt für die Aufnahme von Fotos, die Sie für ein Panoramabild verwenden möchten, Folgendes zu beachten:

◆ Die Bilder sollten sich jeweils um etwa 15% bis 40% überlappen, damit die Überblendung klappt.

◆ Sie sollten eine einheitliche Brennweite benutzen und ebenso eine einheitliche Belichtung.

◆ Die Kamera sollte gerade gehalten werden, günstig ist die Verwendung eines Stativs, und fotografieren Sie alle Bilder von der gleichen Position aus.

◆ Benutzen Sie keine Verzerrungslinsen.

Das Bild erstellen

Sie müssen die Bilder, die Sie kombinieren möchten, nicht vorher öffnen, sondern können gleich loslegen, wenn die Bilder auf Ihrem Rechner gespeichert sind, ober auf einem verfügbaren Netzwerklaufwerk liegen.

1. Klicken Sie auf *Datei > Photomerge*.

2. Klicken Sie auf die Schaltfläche *Durchsuchen*, um im Dialog *Öffnen* die Bilder zu lokalisieren und zu öffnen, die Sie benutzen möchten.

3. Markieren Sie die Dateien im Dialog *Photomerge* und klicken Sie auf *OK*.

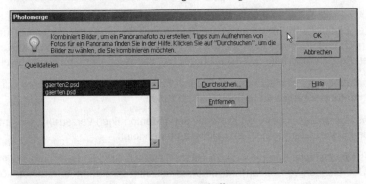

Die Bilder für den Photomerge aussuchen und öffnen

Haben Sie nun ein wenig Geduld, Photoshop Elements fängt an zu arbeiten und präsentiert dann die hinzugefügten Bilder übereinander liegend. Sie können die einzelnen Bilder nun mit der Maustaste greifen und richtig anordnen. Achten Sie darauf, dass das *Bild-auswählen-Werkzeug* oben links im Dialog aktiviert ist.

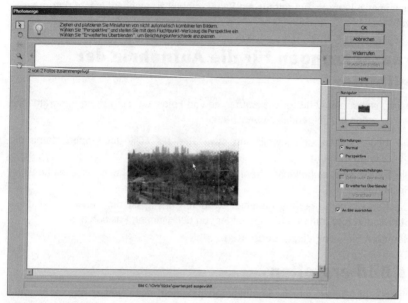

Die Bilder anordnen

Sie können mit den zur Verfügung stehenden Werkzeugen des Dialogs die Komposition weiter bearbeiten, z.B. drehen oder die Option *Perspektive aktivieren*. Sobald diese Option angehakt ist, wird oben links das Werkzeug *Fluchtpunkt setzen* angeboten. Durch Klicken in eines der Bilder mit diesem Werkzeug wird dieses Bild zum Fluchtpunktbild. Dadurch ändert sich die Perspektive der gesamten Komposition.

Mit dem *Navigator*-Schieberegler auf der rechten Seite des Dialogs können Sie die Ansicht der Bilder vergrößern oder verkleinern. Wenn Sie eines der Bilder aus dem Arbeitsbereich entfernen möchten, ziehen Sie es einfach mit gedrückter Maustaste in den oberen Bereich (oberhalb des Arbeitsbereichs), den so genannten Leuchtkasten.

Die Auswirkungen der Einstellungen im Bereich *Kompositionseinstellungen* sind nur in der Vorschau (und natürlich im fertigen Bild) zu sehen.

Zylindrische Zuordnung: Dies ist ein Korrektiv der bodenförmigen Verzerrung, die unter Umständen bei Veränderung der Perspektive auftreten kann.

Erweitertes Überblenden: Korrigiert bis zu einem gewissen Grad Farbunstimmigkeiten, die beim Überblenden von Bildern mit unterschiedlicher Belichtung auftauchen können.

Ist alles nach Wunsch, klicken Sie auf *OK.* Photoshop Elements erstellt anschließend das Panoramabild, das dann eine normale Photoshop Elements-Datei ist. Sie wird automatisch geöffnet und das Bild zeigt sich in beeindruckender Breite auf dem Bildschirm.

Die berühmten roten Augen

Eigentlich ein gelungenes Fotos, aber leider, Sohnemann blitzt Sie mit roten Augen an. Diesem Problem sind Sie sicherlich schon begegnet, wenn Sie hin und wieder Aufnahmen mit Blitzlicht machen. Photoshop Elements hat nun ein probates Mittel an Bord, dieses Problem in den Griff zu bekommen. Bezeichnenderweise nennt es sich *Rote-Augen-Pinsel.* So wenden Sie es an:

1. Öffnen Sie das Bild, das Sie bearbeiten möchten und wählen Sie zunächst den Bereich aus, den es zu bearbeiten gilt, also die Augen bzw. Pupillen. Denken Sie daran, das Bild entsprechend einzuzoomen (mit der Lupe) und aktivieren Sie eines der Auswahlwerkzeuge, passend ist vermutlich der Zauberstab.

2. Sie können den ausgewählten Bereich über *Bearbeiten > Kopieren* kopieren, um ihn über *Bearbeiten > Einfügen* in eine neue Ebene einzufügen. So können Sie den Bereich isoliert sehen, wenn Sie in der Ebenen-Palette den Hintergrund ausblenden (per Klick auf das Augen-Symbol).

3. Aktivieren Sie das Werkzeug *Rote-Augen-Pinsel* in der Werkzeugleiste.

4. Verändern Sie die Einstellungen in der Optionsleiste.

5. Zunächst legen Sie eine Zielfarbe fest, das ist – obwohl die Begrifflichkeit eher das Gegenteil suggeriert – die Farbe, die ersetzt werden soll. Dabei gibt es im Feld *Aufnahme* drei Möglichkeiten: Mit *Erster Mausklick* definieren Sie die Farbe als Zielfarbe, auf die Sie klicken. Mit der Option *Aktuelle Farbe* wird die Standardfarbe als Zielfarbe verwendet, wenn Sie auf die Schaltfläche *Standardfarbe* klicken. Sie können mit dieser Option aber auch eine eigene Farbe wählen, klicken Sie dazu auf das Feld *Ersetzen durch* und wählen Sie im Dialog *Farbwähler* eine Farbe.

6. Im Feld *Toleranz* entscheiden Sie, wie ähnlich die Pixel sein müssen, die ersetzt werden. Bei einem niedrigen Wert werden nur die Pixel gelöscht bzw. ersetzt, die dem Pixel sehr ähnlich sind, auf das Sie geklickt haben, um die Zielfarbe festzulegen.

7. Klicken Sie zu guter Letzt vorsichtig in den einzufärbenden Bereich. Alle Pixel, die die Zielfarbe aufweisen, werden ersetzt. Natürlich können Sie auch vorsichtig über den Bereich fahren.

Die Optionen des Werkzeugs Rote-Augen-Pinsel

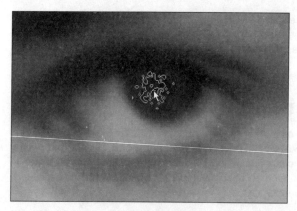

Wenn Sie den Hintergrund ausblenden, sehen Sie den ausgewählten Bereich isoliert.

8. Der Umgang mit Ebenen

Nach dem Einscannen oder Importieren besteht ein Bild aus einer einzigen Ebene. Aber Sie haben schon gesehen, dass ein Bild mehrere Ebenen haben kann und oft auch hat. Im *Kapitel 7: Retuschieren und Manipulieren* wurde nebenbei bereits gezeigt, dass durch das Einfügen eines neuen Elementes in ein Bild automatisch eine Ebene mit diesem Element erzeugt wird.

Was sind Ebenen?

Ebenen gehören im Prinzip zum A und O bei der Bildbearbeitung und -gestaltung. Sie bewirken, dass digitale Bilder, die naturgemäß eigentlich flach sind, eine Dreidimensionalität erhalten und so eher unserer "normalen" Wahrnehmung entsprechen.

Sie können Ebenen mit Scheiben aus (durchsichtigem) Glas vergleichen, die übereinander liegen. An den Stellen, an denen eine Ebene keine Elemente enthält, scheint die untere Ebene durch. Durch die Organisierung von Teilen eines Bildes in separaten Ebenen lassen sich einzelne Bildelemente übereinander anordnen, sodass ein sehr realistischer Tiefeneffekt entsteht. Die Ebenen können sowohl vertikal als auch horizontal verschoben werden, außerdem lassen sich durch spezielle Ebenenstile Schatten, Strukturen, Muster etc. simulieren.

Da Ebenen die Teile eines Bildes isolieren, bieten sie außerdem die Möglichkeit und den Vorteil, dass die jeweiligen Ebeneninhalte unabhängig voneinander bearbeitet werden können. Soll ein Element eines Bildes, das auf einer separaten Ebene liegt, entfernt werden, löscht man einfach die Ebene und das Problem ist gelöst.

Neue Ebenen erstellen

Mehrere Wege führen nach Rom. Eine neue Ebene kann auf verschiedene Weise in ein Bild eingefügt werden. Eine Möglichkeit haben Sie bereits kennen gelernt. Durch das Einfügen einer ausgewählten und kopierten Bildkomponente in eine anderes Bild wurde automatisch eine neue Ebene erzeugt; mit anderen Worten: Das Element legt sich nicht direkt auf die sichtbare Ebene des Bildes, sondern es wird auf einer neuen transparenten Ebene platziert.

Eine neue Ebene wird auch angelegt, wenn Sie einen ausgewählten Bereich in dasselbe Bild kopieren möchten. Sie definieren den Bereich mit einem der Auswahl-Werkzeuge und wählen *Ebene > Neu > Ebene durch Kopie* (oder fügen die Kopie mit *Einfügen* ein).

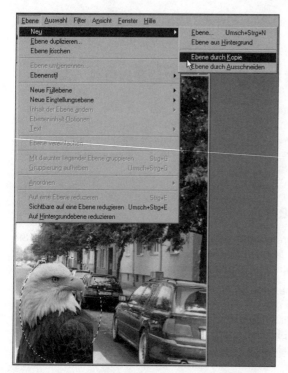

Eine neue Ebene durch Kopie eines ausgewählten Bereichs

Außerdem entsteht (zumindest standardmäßig) eine neue Ebene, wenn Sie mithilfe eines der Form-Werkzeuge eine Form auf das Bild aufziehen.

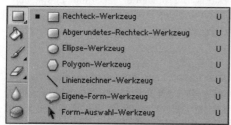

Die verschiedenen Form-Werkzeuge in der Standard-Werkzeugleiste

Auch die Verwendung des Text-Werkzeuges erzeugt automatisch eine neue Ebene.

Ein Text auf einem Bild liegt auf einer separaten Ebene

Und dann bleibt natürlich noch der ganz direkte Weg, einfach eine neue Ebene mit dem entsprechenden Befehl zu erstellen. Dazu gehen Sie über *Ebene > Neu > Ebene*. Dies fügt eine transparente Ebene oberhalb der aktuell in der *Ebenen-Palette* ausgewählten Ebene ein. Eine neu erstellte Ebene ist transparent. Die einzelnen Ebenen bleiben unabhängig bis sie unter Umständen zusammengefasst werden.

Eine leere transparente Ebene

Wenn Sie eine neue Datei mit einem mit Farbe gefüllten Hintergrund anlegen (*Datei > Neu*) ist dies automatisch die Hintergrundebene.

Die Ebenen-Palette

Im Mittelpunkt der Arbeit mit Ebenen steht die *Ebenen-Palette*, die standardmäßig eingeblendet wird, sobald Sie ein Bild, das aus mehreren Ebenen besteht, öffnen. Wird die Ebenen-Palette nicht automatisch eingeblendet, aktivieren Sie sie über *Fenster >* *Ebenen*.

Die Ebenen-Palette

Mit den Optionen der *Ebenen-Palette* lässt sich ein Großteil der Ebenen-Techniken realisieren. Jede Ebene eines Bildes wird mit dem Namen der Ebene und einem Miniaturbildchen in der Palette aufgelistet, und zwar jeweils getrennt durch eine dünne weiße Linie. Das *Symbol* mit dem *Auge* signalisiert, ob die Ebene sichtbar ist oder nicht. Mit einem Klick auf dieses Symbol blenden Sie eine Ebene ein bzw. aus. Der Pinsel zeigt an, dass sich die Ebene im Bearbeitungsmodus befindet. Das Ketten-Symbol verbindet Ebenen miteinander bzw. zeigt an, dass die Ebene verbunden ist. Was es bedeutet, wenn Ebenen verbunden sind, wird im entsprechenden Abschnitt erklärt.

Die beiden Symbole neben *Fixieren* bestimmen die Art, wie Sie die aktuelle Ebene fixieren möchten (dazu mehr im Abschnitt *Ebenen fixieren*).

Ebenen ausblenden

Probieren Sie einmal aus, eine Ebene auszublenden.

Hinweis

Sofern Sie noch kein Bild mit mehreren Ebenen besitzen, sollten Sie auf die Schnelle eins erzeugen (ohne auf den ästhetischen Sinn dieser Aktion zu achten!). Fügen Sie einfach ein Element aus einem Bild in ein anderes ein, oder – mit ganz wenig Mühe – benutzen das *Rechteck*-Werkzeug (oder wahlweise *Ellipse*, *Polygon* oder *Eigene-Form* aus dem *Flyout Rechteck*-Werkzeug) und ziehen Sie diese Form mit gedrückter linker Maustaste auf ein Bild auf. Dadurch wird ebenfalls eine neue Ebene erzeugt.

Eine Form (Kirschen) aus dem Eigene-Form-*Werkzeug auf dem Bild*

Öffnen Sie gegebenenfalls die *Ebenen-Palette* über *Fenster > Ebenen*. Sie sehen (am Beispiel), dass das Bild aus zwei Ebenen besteht, der Ebene "Hintergrund" (die Ebene, die hinter allen anderen liegt) und der Ebene mit dem Namen "Form 1", das die eingefügten Kirschen enthält.

In der Palette wird die neue Ebene angezeigt.

Vor beiden Ebenen wird das Augensymbol angezeigt. Klicken Sie nun einmal auf das *Auge* vor der Ebene "Form 1". Die Kirschen verschwinden aus dem Bild, weil Sie die Ebene ausblenden.

Klicken Sie auf das *Auge* der Ebene "Hintergrund", wird diese ausgeblendet, und nur die Kirschen werden angezeigt.

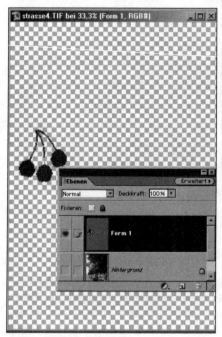

Nur die Ebene mit den Kirschen wird angezeigt.

Ebenen Namen geben

Sie können den Ebenen (die Hintergrund-Ebene ist störrisch, sie behält ihren Namen immer, es sei denn, sie wird in eine normale Ebenen umgewandelt) eigene und passendere Namen geben als die automatisch von Photoshop Elements zugewiesenen. Klicken Sie dazu den Ebenen-Namen in der Palette mit der rechten Maustaste an und wählen Sie im Kontextmenü den entsprechenden Befehl.

Der Ebene einen Namen geben

Ebenen bearbeiten

Sie können die einzelnen Ebenen in der Palette markieren. Klicken Sie dazu einfach den Ebenen-Namen in der Palette an. Dann wird mit dem Pinsel-Symbol angezeigt, dass die Ebene gerade in Bearbeitung ist. Dies hat den Effekt, dass sich bestimme Aktionen nur auf diese Ebene bzw. die Elemente auf dieser Ebenen auswirken. Allerdings muss noch eine zweite Voraussetzung erfüllt sein: Die Ebene muss mindestens teilweise fixiert sein, d.h. nicht mehr bearbeitbar sein. Bei Form-Ebenen ist dies automatisch der Fall (mehr dazu im Abschnitt *Ebenen fixieren*).

Dass Sie nur die Ebene "Kirschen" bearbeiten, können Sie überprüfen.

Markieren Sie per Mausklick eine der Ebenen, z.B. die Ebene *Kirschen* (sofern Sie das Beispiel mitgespielt haben).

Die Ebene muss zum Bearbeiten markiert sein.

Klicken Sie – beispielsweise – auf das *Füll-Werkzeug* in der Standard-Werkzeugleiste (das Eimerchen).

Wenn Sie nun mit dem *Farbtopf* auf die Form – im Beispiel die Kirschen – klicken, werden Sie bemerken, dass lediglich die Kirschen eine andere Farbe, und zwar die aktuelle Vordergrundfarbe, annehmen. Der Rest, also die andere Ebene, bleibt von dieser Aktion unberührt.

Ebenen rastern

Sie können an diesem kleinen Beispiel noch etwas feststellen: Nicht alle Ebenen lassen sich mit allen Werkzeugen bearbeiten. Markieren Sie noch einmal die Ebene *Kirschen* und wählen Sie das Werkzeug *Werkzeugspitze* aus der Standard-Werkzeugleiste.

Versuchen Sie dann, die Kirschen (oder irgendeine andere Form aus dem Form-Werkzeug) zu bemalen, indem Sie die Form anklicken. Es wird Ihnen leider nicht ad hoc gelingen. Stattdessen erhalten Sie einen kleinen Dialog, in dem Sie gefragt werden, ob Sie die Formebene rastern bzw. vereinfachen möchten.

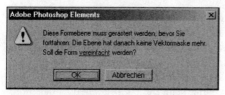

Die Ebene muss gerastert werden

Sie sehen also, eine wie im Beispiel erstellte Ebene mit einer Form aus der Palette der Form-Werkzeuge ist nicht gerastert, sondern eine Vektorgrafik. Deshalb lässt sie sich mit den Malwerkzeugen nicht bearbeiten, auch die Anwendung von Filtern ginge beispielsweise nicht oder die Verwendung der Retusche-Werkzeuge. Sie können nun die Frage bejahen und die Ebene rastern, dies hat jedoch zur Folge, dass Sie das Element nicht mehr mit den Bearbeitungsoptionen für Text und Formen verändern können. Eine optimale Lösung gibt es also nicht, sondern nur eine Entweder-Oder-Lösung! Sofern Sie sich für das Rastern entscheiden, klicken Sie in dem kleinen Dialog einfach auf *OK* (den Befehl zum *Vereinfachen* finden Sie auch im Menü *Ebene*).

Nun können Sie sich einen Pinsel (Symbol *Werkzeugspitze*) oder den *Buntstift* schnappen und die Form bemalen. Achten Sie dabei darauf, dass die Ebene aktiviert ist.

Ebenen verschieben

Um Elemente in eine andere Reihenfolge auf dem Bild zu bringen, muss man die Ebenen verschieben. Das geht ganz einfach:

Markieren Sie die Ebene in der Palette, die Sie verschieben möchten und schieben Sie sie mit gedrückter Maustaste nach oben oder unten. Die Auswirkungen sehen Sie im Bild. Die Ebene, die Sie nach oben verschoben haben, liegt über der darunter liegenden Ebene. Ein kleines Beispiel, um dies zu verdeutlichen:

Das Bild enthält drei Ebenen, einen Hintergrund und zwei Form-Ebenen. Die Ebene Form 2 liegt in der Ebenen-Palette oben, im Bild im Vordergrund.

Ebenen verschieben

Soll die Form 2 unter der Ebene Form 1 liegen, also – Beispiel – unter dem Herz, muss die Ebene in der Palette verschoben werden. Greifen Sie sich die Ebene Form 2 und ziehen Sie sie eine Ebene nach unten (Sie werden aufgefordert, die Ebene zu rastern. Das hängt damit zusammen, dass die Form-Ebene eine Vektor-Ebene ist, mehr dazu im *Kapitel 10: Kreativ mit Pinsel, Stift und Farbe*). Die Abbildung zeigt das Resultat.

Die Position wechseln durch Verschieben der Ebene

Auch die nächsten beiden Abbildungen zeigen noch einmal die Möglichkeit, die Reihenfolge der Elemente zu verändern und die Auswirkung auf das Bild. Einmal liegt die Ebene 2 in der Palette oben, und einmal die Ebene 1, im Bild ändert sich also die Reihenfolge.

Die Ebene 2 ist im Vordergrund.

Die Ebenen 1 ist im Vordergrund

Ebenen in andere Bilder einfügen

Sie können sich eine ganze Ebene schnappen und diese in ein anderes Bild ziehen. Auf diese Weise integrieren Sie beispielsweise ein Foto (oder ein Element) in ein anderes oder ziehen es auf ein nur mit Farbe gefülltes Blatt. Dazu öffnen Sie zunächst beide Fotos bzw. beide Dateien.

Dann markieren Sie die Ebene, die Sie einfügen möchten und greifen sie mit der Maustaste. Ziehen Sie sie mit gedrückter linker Maustaste auf das Ziel und lassen Sie die Maustaste los.

Die Ebenen auf ein anderes Bild ziehen

Sie können nun die eingefügte Ebene richtig platzieren, aktivieren Sie dazu das *Verschiebe-Werkzeug* in der Werkzeugleiste und ziehen Sie das Bild in die gewünschte Richtung.

Die eingefügte Ebene platzieren

Auch die Größe können Sie noch anpassen. Benutzen Sie dazu den Befehl *Bild > Skalieren > Skalieren* oder *Bild > Transformieren > Frei transformieren*.

Das fertige neue Bild mit der Ebenen-Palette

Auf die gleiche Art und Weise können Sie eine Ebene natürlich auch in eine leere Datei einfügen, deren Hintergrund Sie beispielsweise mit einem Verlauf gefüllt haben.

Eine Ebene, die auf einen Hintergrund mit einem Verlauf gezogen wurde

Ebenen verbinden

Die Kette links neben dem Ebenen-Bildchen signalisiert eine Verknüpfung mit anderen Ebenen. Wenn Ebenen miteinander verbunden sind, können sie beispielsweise gemeinsam kopiert und eingefügt werden.

Um dies deutlicher zu machen, erstellen Sie eine neue Ebene, indem Sie eine Form zeichnen oder zunächst eine neue Ebene einfügen. Klicken Sie dazu auf *Ebene > Neu > Ebene*. Achten Sie auf die *Ebenen-Palette*. Dort hat sich die neue Ebene mit dem Namen "Ebene 1" eingefügt. Solange Sie diese Ebenen nicht mit einer anderen verbinden, ist sie ein selbstständiges Gebilde. Zeichnen Sie auf dieser Ebene eine Form, können Sie sie beispielsweise problemlos mit dem *Verschiebe-Werkzeug* verschieben.

1. Aktivieren Sie die neue leere Ebene.

2. Markieren Sie die Ebene und zeichnen Sie eine Form oder fügen Sie aus einem anderen Bild kopiertes Bildelement ein. Wenn Sie eine der Formen aufziehen, ändert sich der Name der Ebene übrigens automatisch in "Form1".

3. Um die Ebene zu verbinden, markieren Sie zunächst die Ebene in der Palette, mit der die Ebene verbunden werden soll.

4. Dann klicken Sie auf das Kästchen neben dem Vorschaubild der neuen Ebene, wo nun das Ketten-Symbol erscheint.

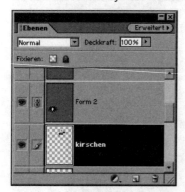

Zum Verbinden wird (am Beispielbild) die Ebene kirschen markiert und dann links neben die Ebene Form 2 geklickt

Jetzt hängen (im Beispiel) die Ebene "Kirschen" und die neue Ebene zusammen.

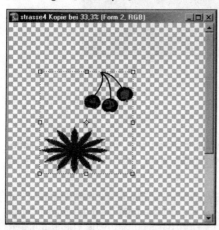

Zwei verbundene Ebenen (bei ausgeblendeter Hintergrundebene)

Die beiden Ebenen können Sie jetzt beispielsweise gemeinsam verschieben. Wenn Sie das *Verschieben-Werkzeug* aktivieren, legt sich der Rahmen mit den Ziehpunkten um beide Elemente.

Wenn die beiden Ebenen wieder getrennt werden sollen, markieren Sie wieder die Ebene "Kirschen" und klicken auf das Ketten-Symbol neben der Ebene "Form 2".

Ebenen fixieren

Fixierungen schützen vor Veränderungen. Die Leiste über der Auflistung der Ebenen bietet zwei verschiedene Fixierungsarten, über die eine Ebene vor Veränderungen geschützt werden kann.

◆ *Transparente Pixel fixieren*: Die Funktion schützt die Bereiche der ausgewählten Ebene, die keine Pixel enthalten, vor Veränderungen.

◆ *Alles fixieren*: Durch diese Option wird die ausgewählte Ebene vor dem Bearbeiten geschützt.

Das abgebildete Bild besteht aus drei Ebenen, eine davon ist eine Form-Ebene.

Das Bild besteht aus drei Ebenen, dies zeigt die Ebenen-Palette.

Form-Ebenen

Werfen Sie einen Blick auf die Palette. Wenn Sie die Form-Ebene markieren, sehen Sie, dass die Form, am Beispiel unsere Kirschen, nur die Option *Alles fixieren* zulässt, die Option *Transparente Pixel fixieren* ist gar nicht aktiv. Mit anderen Worten: Bei Form-Ebenen ist die Transparenz standardmäßig fixiert. Dadurch können Sie das Objekt selbst mit bestimmten Werkzeugen (z.B. Füllen, Verschieben) bearbeiten, aber dem transparenten Bereich außerhalb des Objektes keine Pixel hinzufügen. Das können Sie prima feststellen, wenn Sie wieder einmal den Farbtopf (*Füllwerkzeug*) zur Hand nehmen und zuvor die Vordergrundfarbe ändern.

Klicken Sie dazu auf das Symbol *Vordergrundfarbe einstellen* in der Standard-Werkzeugleiste und wählen Sie im nächsten Dialog per Mausklick eine neue Farbe.

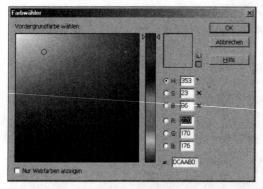

Eine neue Farbe auswählen

Klicken Sie nun auf das *Füll-Werkzeug* und dann auf die Form, die sofort mit der neu-
en Farbe gefüllt wird (achten Sie darauf, dass diese Ebene auch aktiviert ist).

Klicken Sie mit dem *Füll-Werkzeug* in den übrigen Bereich – nichts passiert. Das entspricht der Erwartung, denn die Transparenz ist ja fixiert, also geschützt.

Hinweis

Der transparente Bereich einer Form-Ebene ist übrigens nicht mehr automatisch fixiert, sobald Sie die Ebene gerastert haben.

Nicht fixierte Ebenen

Anders verhält es sich, wenn Sie eine Ebene aktivieren, die zunächst nicht fixiert ist.
Im Beispiel ist es die Ebene mit dem Adlerkopf, der in das Bild eingefügt wurde.

Diese Ebene ist zunächst nicht fixiert, wie die Symbole anzeigen.

Wenn Sie, solange die Ebene nicht fixiert ist, auf dieser Ebene das *Füllwerkzeug* verwenden, können Sie sowohl den Adlerkopf als auch den restlichen Bereich neu einfärben, da er nicht durch Fixierung geschützt ist. Nach einem Mausklick mit dem *Füllwerkzeug* auf den Adlerkopf und in den Bereich daneben sieht das Bild dann so aus:

Der transparente Bereich ist nicht fixiert und lässt sich füllen.

Um die Ebene zu fixieren, markieren Sie sie und klicken dann auf das Symbol *Transparente Pixel fixieren* oder auf *Alles fixieren* in der *Ebenen-Palette*. Probieren Sie einmal die Variante *Alles fixieren* aus. Sobald Sie diese Option aktiviert haben, lässt sich mit der Ebene nichts mehr anstellen. Wenn Sie mit dem *Füllwerkzeug* über die fixierten Ebenen fahren, erscheint lediglich ein kleines "Verbotsschild" als Mauszeiger.

Fazit: Wenn Sie überhaupt keine Veränderung an einer Ebene mehr zulassen möchten, müssen Sie die Ebene markieren und auf das Symbol *Alles fixieren* klicken: rien ne va plus!

Die Hintergrundebene

Die unterste Ebene mit einem farbigen bzw. mit Farbe gefüllten Hintergrund erhält automatisch den Namen "Hintergrundebene". Diese Ebene ist eine besondere Ebene: Man kann weder ihre Position, noch ihre Füllmethode oder Deckkraft ändern.

Mit der Füllmethode wird festgelegt, wie sich die Anwendung des *Füllwerkzeugs* oder die Malwerkzeuge (*Werkzeugspitze, Buntstift*) auf einen Bereich auswirken. Achten Sie auf die Optionen in der *Ebenen-Palette*. Ist die Hintergrundebene aktiviert, ist weder das Feld zum Umstellen der Füllmethode noch der Schieberegler für die Deckkraft zu benutzen.

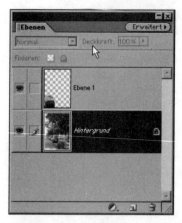

Die Optionen für die Deckkraft und die Füllmethode sind nicht aktiv.

Wenn es sich nicht um die Hintergrundebene handelt, können Sie hier verschiedene Einstellungen wählen.

Hintergrundebene umwandeln

Wenn sich eine Hintergrundebene verhalten soll, wie eine normale Ebene, muss diese umgewandelt werden.

1. Markieren Sie die Hintergrundebene in der *Ebenen-Palette.*
2. Wählen Sie im Menü *Ebene Neu > Ebene aus Hintergrund.*

Sie sehen dann, dass aus der Hintergrundebene die Ebene "Ebene 0" geworden ist, eine Ebene, die die üblichen Einstellungsmöglichkeiten besitzt.

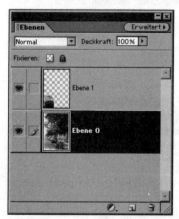

Aus einer Hintergrundebene wird eine normale Ebene.

Ebenen gruppieren

Man kann Ebenen gruppieren und dadurch einen besonderen Effekt erzeugen. Bei einer Gruppe von Ebenen gibt es eine Basisebene. Das Element auf dieser Ebene bestimmt, was von den darüber liegenden Ebenen zu sehen ist. Das wird an einem einfachen Beispiel (genauere Erklärungen zu den im Beispiel genutzten Werkzeugen finden Sie im *Kapitel 10: Kreativ mit Pinsel, Stift und Farbe* – an dieser Stelle werden nur kurz die Schritte genannt) demonstriert.

1. Erstellen Sie der Einfachheit halber eine neue Datei mit einem weißen Hintergrund (*Datei > Neu*).

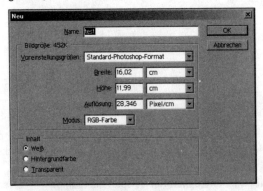

Eine neue Datei erstellen

2. Zeichnen Sie eine Form auf die Ebene. Klicken Sie also das *Rechteck-Werkzeug* an und wählen Sie im Menü beispielsweise *Eigene-Form-Werkzeug*. Im Feld *Form* in der Optionsleiste können Sie sich eine Form aussuchen.

Wählen Sie eine Form.

3. Ziehen Sie die Form mit gedrückter Maustaste auf. Sie nimmt die Farbe der aktuellen Vordergrundfarbe an.

4. Erstellen Sie auf dem gleichen Weg eine zweite Form, füllen Sie aber mit einer anderen Farbe (klicken Sie auf *Vordergrundfarbe einstellen* und suchen Sie sich im Dialog eine Farbe aus).

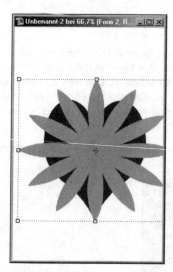

Zwei Formen

5. Verbinden Sie die beiden Formen miteinander, indem Sie die eine Form in der Palette markieren und links neben der anderen Form auf das Kästchen klicken. Das *Ketten-Symbol* erscheint.

6. Markieren Sie eine der verbundenen Ebenen (im Beispiel die Blume).

7. Wählen Sie im Menü *Ebene* den Befehl *Verbundene Ebenen gruppieren*.

Direkt nach dieser Aktion sieht das Bild anders aus: Die Blume liegt nicht mehr über dem Herz (im Beispiel), sondern ist nur noch in der Form des Herzes sichtbar, da das Herz die Basisebene bildet.

Zwei gruppierte Ebenen – die Blume ist nur in der Herzform zu sehen.

Werfen Sie einen Blick auf die *Ebenen-Palette*. Die Ebene Form 1 hat sich zur Basisebene gewandelt – sie ist unterstrichen.

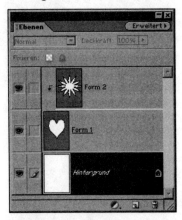

In der Palette können Sie die Basisebenen erkennen.

Hinweis

Nur aufeinander folgende Ebenen können zu einer Gruppe zusammengefasst werden.

Eine Gruppe von Ebenen lässt sich auch wieder lösen. Wählen Sie eine Ebene aus der Gruppe aus und öffnen Sie das Menü *Ebene*. Hier klicken Sie auf *Gruppierung aufheben*.

Ebenen reduzieren

Mit dem Befehl *Reduzieren* stellt Photoshop Elements eine Möglichkeit bereit, die Dateigröße eines Bildes zu verringern. Allerdings sollten Sie diesen Schritt erst machen, wenn Sie die Positionen der Ebenen festgelegt haben, damit werden nämlich die Ebenen entgültig auf eine reduziert. Die Ebeneninformationen stehen danach nicht mehr zur Verfügung. Sie können zwischen zwei Optionen zum Reduzieren wählen: *Verbundene Ebenen auf eine Ebene reduzieren* oder *Sichtbare auf eine Ebene reduzieren*. Beide Befehle finden Sie im Menü *Ebene* bzw. im Menü der *Palette* (über die Schaltfläche *Erweitert*). Die Unterschiede werden schon durch die Bezeichnung deutlich.

In der Abbildung sehen Sie das Ergebnis einer Reduktion. Drei Ebenen wurden auf zwei reduziert. Achten Sie auf die Palette, es gibt nur noch die Ebene "Form 2" und die Hintergrundebene.

Aus drei sind zwei Ebenen geworden.

Sie können auch alle Ebenen eines Bildes auf die Hintergrundebene reduzieren, die Dateigröße schrumpft dabei merklich. Wenn Sie diesen Befehl benutzen, werden alle sichtbaren Ebenen zur Hintergrundebene zusammengefasst, die aktuell ausgeblendeten Ebenen werden ignoriert und verworfen.

Vorsicht: Denken Sie daran, dass die Ebenen danach nicht mehr positioniert und dass die Füllmethoden und die Deckkraft nicht verändert werden können. Dieser Schritt sollte also nicht unüberlegt gemacht werden.

1. Blenden Sie alle Ebenen ein, die zum Bild gehören.

2. Wählen Sie im Menü *Ebene* den Befehl *Auf Hintergrundebene reduzieren.*

Die vormals drei Ebenen des Bildes sind auf die Hintergrundebene reduziert.

Einstellungsebenen

Mit Einstellungsebenen können Sie mit Farben und Farbkorrekturen etc. experimentieren, ohne das Risiko einzugehen, Pixel ungewollt dauerhaft zu verändern. Die Ebenen legen sich wie ein Schleier auf die normalen Ebenen, und wirken sich standardmäßig auch auf alle anderen Ebenen aus. Dies hat den Vorteil, dass Sie alle Ebenen gleichzeitig bearbeiten können.

Einstellungsebenen erstellen

Das Ganze funktioniert folgendermaßen:

1. Wählen Sie in der *Ebenen-Palette* durch Mausklick die oberste Ebene aus, auf die sich die neue Einstellungsebene auswirken soll.

2. Wenn sich die Farb- oder Kontrastkorrekturen etc. auf alle darunter liegenden Ebenen auswirken sollen, klicken Sie in der *Ebenen-Palette* am unteren Rand auf das Symbol *Neue Füllebene* oder *Einstellungsebene erstellen*.

3. Wählen Sie im sich dann öffnenden Menü den Typ der Korrektur.

4. Legen Sie in dem Dialog, den Sie aufgerufen haben, die gewünschten Einstellungen fest und klicken Sie auf *OK*.

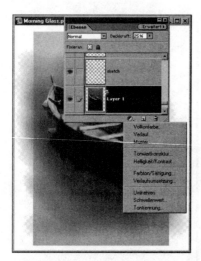

Den Typ der Einstellungsebene auswählen

Sie werden – abgesehen von den Änderungen am Bild – bemerken, dass die Ebenen-Palette eine neue Ebene enthält, die automatisch den Namen des Veränderungstyps trägt. Am Beispiel wurde im gleichnamigen Dialog *Farbton/Sättigung* bearbeitet, folglich heißt die Ebene auch so. Die neue Ebene können Sie im Prinzip behandeln wie jede andere auch, d.h. man kann sie ausblenden, umbenennen, löschen etc. Falls Sie nun feststellen, dass die Farbkorrektur sich nicht günstig auf das Bild auswirkt, entfernen Sie die Ebene einfach, und alles ist wieder wie vorher. Zum Entfernen rufen Sie mit der rechten Maustaste das *Kontextmenü* der Ebene auf und klicken auf den entsprechenden Befehl.

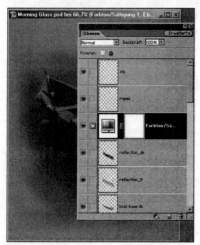

Eine neue Einstellungsebene in der Palette

Auswirkung auf selektive Ebenen

Soll sich die Korrektur nicht automatisch auf alle Ebenen auswirken, klicken Sie nicht auf das Symbol in der Palette, sondern auf *Ebene > Neue Einstellungsebene* und wählen den Veränderungstyp. Im Dialog *Neue Ebene*, der dann erscheint, aktivieren Sie *Mit darunter liegenden Ebene gruppieren*. Dadurch wird die Einstellungsebene mit der darunter liegenden gruppiert und der Effekt ist auf die Gruppe beschränkt.

Sollen Ebenen hinzugefügt werden, drücken Sie die (Alt)-Taste und setzen den Mauszeiger auf die Linie, die die unterste Ebene der Gruppe von der darunter liegenden Ebene trennt, und klicken dann (und zwar, wenn der Mauszeiger die Form eines überlappenden Kreises angenommen hat). Die hinzugenommenen Ebenen werden eingerückt und ein kleiner nach unten weisender Pfeil taucht auf.

Füllebenen

Mit Füllebenen können Sie auf schnelle Art und Weise probieren, wie sich eine Volltonfarbe, ein Verlauf oder ein Muster auf das Bild auswirken würde. Die Erstellung von Füllebenen funktioniert im Prinzip identisch zu Einstellungsebenen. Im Menü des Symbols *Neue Füllebene* oder *Einstellungsebene erstellen* wählen Sie eine der ersten drei Optionen. Wenn Sie *Verlauf* wählen, werden Ihnen in einem kleinen Dialog Verlaufsmuster und unterschiedliche Stile für den Verlauf angeboten, mit der Option *Volltonfarbe* erscheint der Dialog *Farbwähler*.

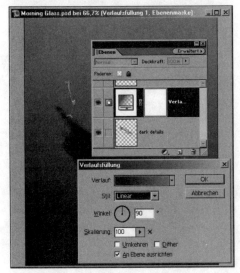

Einen Verlauf für eine Füllebene festlegen

9. Wirkungsvolle Filter

Die Filter-Funktionen von Photoshop Elements basieren zum Teil auf Techniken der klassischen Bildbearbeitung. Durch Filter können Bildinhalte oder bestimmte Bildbereiche in vieler Hinsicht verändert werden; es lassen sich z.B. Lichteffekte hinzufügen, ungewöhnliche optische Anomalien und Perspektiven kreieren und künstlerische Akzente setzen. Außerdem können Sie mit Filtern Bilder u.a. scharfzeichnen/weichzeichnen, Übergänge ausgleichen, mangelhafte Bilder korrigieren, oder ein Bild auch völlig unkenntlich machen und verfremden.

Photoshop Elements bietet eine Menge leistungsstarker Filter-Optionen. Um sie kennen zu lernen, ist es am besten, mit ihnen an einem Beispiel-Bild zu experimentieren. Sie werden erstaunt sein, wie wirkungsvoll und zum Teil überraschend sich Bilder umgestalten lassen.

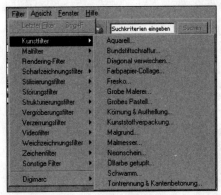

Jede Menge Filter

Aufgrund der Vielzahl der Filterarten und ihrer unterschiedlichen Wirkungsweise ist es sinnvoll, sie in Gruppen einzuteilen, die in etwa ähnliche Effekte erzeugen.

Konstruktive Filter

Filter dieser Gruppe verbessern die Qualität von Bildern und gehören zu den elementaren Filter-Funktionen. Im Wesentlichen sind das die Filter, die in den Untermenüs der Menüoptionen *Weichzeichnungsfilter*, *Störungsfilter*, *Scharfzeichnungsfilter* und *Sonstige Filter* angeboten werden. Es folgen ein paar Hinweise zu einigen dieser Filter, aufgrund der Fülle ist es jedoch nicht möglich, alle detailliert zu beschreiben.

Weichzeichnungsfilter

Während sich die beiden letzten Optionen (*Weichzeichnen* und *Stark weichzeichnen*) direkt auf das Bild auswirken, ermöglicht der *Gaußsche Weichzeichner* eine differenziertere Einstellung. Durch die Verschiebung des Reglers können Sie die Werte festlegen, die das Ausmaß der Weichzeichnung bestimmen. Der höchste Wert kann ein Bild vollkommen unkenntlich machen.

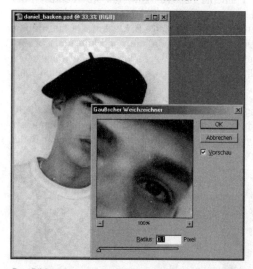

Das Bild, nicht weichgezeichnet

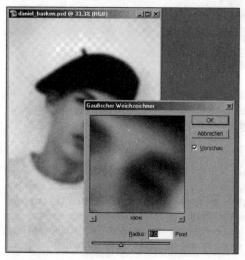

Das gleiche Bild mit einem Wert von 9,0, eingestellt im Dialog Gaußscher Weichzeichner.

Mit dem Filter *Bewegungsunschärfe* lässt sich die Weichzeichnung insofern näher bestimmen als es möglich ist, die Bewegungsrichtung mittels Winkel und Distanz festzulegen. Der Filter eignet sich gut dazu, in einem Bild eine gewisse Dynamik anzu-
deuten. Denken Sie daran, dass es auch möglich ist, Filter nur auf bestimmte, vorher
ausgewählte Bildbereiche anzuwenden. In der Abbildung sollen nur die Autos mit
dem Bewegungsunschärfe-Filter verändert werden.

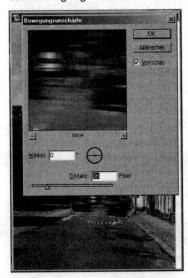

Bewegungsunschärfe schafft Dynamik

Eine andere Art und Weise der Richtungsangabe ermöglicht der Filter *Radialer Weichzeichner*. Der Dialog bietet Optionen für kreisförmige oder spiralförmige Weichzeichnung.

Der radiale Weichzeichner

Schon wenn Sie den Regler ein wenig nach rechts schieben, erhält das Bild einen re-
gelrechten Strudeleffekt, wie in der Abbildung unten zu sehen ist.

Ein Bild als Strudel (radialer Weichzeichner)

Störungsfilter

Die Gruppe der Störungsfilter bietet die Möglichkeit, Störungen hinzuzufügen, Störungen zu entfernen, Staub und Kratzer zu entfernen und Helligkeit zu interpolieren. Der Filter *Staub und Kratzer entfernen* ist besonders dann nützlich, wenn es darum geht, ältere Fotos aufzumöbeln. Man muss allerdings vorsichtig damit umgehen, da auch Bilddetails zerstört werden können. Der Filter *Störungen hinzufügen* macht ein Bild körniger und strukturierter.

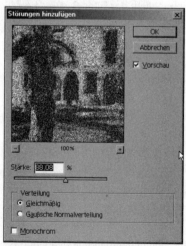

Das Bild wirkt fast wie punktiert.

Staub und Kratzer entfernen

Wenn Sie Staub und Kratzer von einem Bild entfernen möchten, gehen Sie folgendermaßen vor:

1. Öffnen Sie das Bild und legen Sie mit einem Auswahlwerkzeug den Bereich fest, der ausgebessert werden soll.

2. Wählen Sie *Filter > Störungsfilter > Staub und Kratzer entfernen.*

3. Führen Sie im Dialog den Mauszeiger auf das Vorschaubild und ziehen Sie mit dem in eine Hand verwandelten Mauszeiger den relevanten Bildbereich in die Vorschau.

4. Klicken Sie im Dialog *Staub und Kratzer entfernen* auf das Pluszeichen, um den Ausschnitt zu vergrößern.

   Ziehen Sie den *Schwellenwertregler* auf 0, um sicherzustellen, dass alle Pixel der Auswahl überprüft werden.

5. Ziehen Sie den *Radius-Regler* nun ein wenig nach rechts, Sie sehen in der Vorschau, wie sich die Pixel angleichen. Je größer der Radius ist, desto verschwommener wird das Bild bzw. der ausgewählte Bereich. Daher ist ratsam, den für die Behebung des Fehlers kleinstmöglichen Radius einzustellen.

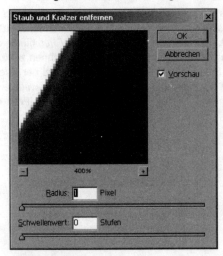

Vor der Korrektur

Nach der Korrektur sind die Streifen am Ärmel nicht mehr zu sehen.

Scharfzeichnungsfilter

Zu der Gruppe der Scharfzeichnungsfilter gehören *Scharfzeichnen, Konturen scharf zeichnen, Stark scharfzeichnen* und *Unscharf maskieren*. Durch Scharfzeichnen werden die Kontraste in einem Bild verstärkt. Nur der *Unscharf maskieren-Filter* bietet die Möglichkeit, individuelle Einstellungen vorzunehmen, um das Scharfzeichnen zu kontrollieren. Je höher Sie den Wert der *Stärke* setzen, desto deutlicher wird der Effekt. Mit dem *Radius-Regler* wird die Dicke der Kontur definiert, der Regler *Schwellenwert* bestimmt, was als Kontur genommen wird. Niedrige Werte schließen viele Pixel ein und umgekehrt.

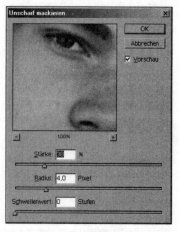

Der Dialog Unscharf maskieren *zum Einstellen der Scharfzeichnung*

Die Einstellungen in diesem Dialog können eine Menge bewirken, im Extremfall erzeugen Sie so deutliche Konturen und Kanten, dass ein Foto fast wie eine Zeichnung wirkt.

Der extreme Effekt von Unscharf maskieren

Vernünftig angewendet ist der Filter jedoch ein hervorragendes Mittel zum Verbessern blasser und leicht verschwommener Bilder.

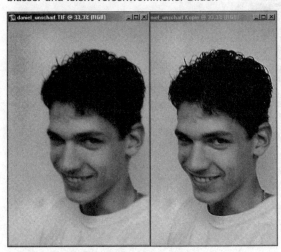

Vorher und nachher (Unscharf maskieren)

Destruktive Filter

In die Gruppe der destruktiven Filter gehören Filterarten, die die Bilder nicht auf mehr oder weniger konventionelle Weise korrigieren oder verbessern, sondern stark verändern und verfremden. Dabei können interessante Effekte das Resultat sein, aber Vorsicht: Weniger ist oft mehr!

Verzerrungsfilter

Insbesondere mit den Varianten der *Verzerrungs-Filter* (wobei sich im Untermenü von *Filter > Verzerrung* zahlreiche Filter befinden, die eigentlich keine Verzerrung bewirken, sondern die Bilder in einem ganz anderen Sinn verändern, z.B. *Glas* oder *Weiches Licht*) wird gern und oft gespielt. Bedenken Sie jedoch, dass angewandte Verzerrungen viel Speicherkapazität in Anspruch nehmen. Alle Dialoge besitzen eine Vorschau, sodass Sie einen Eindruck von dem Effekt haben, bevor Sie sich dafür entscheiden. Interessant – aber sicherlich Geschmacksache – ist die Wirkung des Filters *Glas*. Man hat tatsächlich den Eindruck, dass man durch dickes Glas auf das Bild blicken würde.

Ein Bild "unter Glas*"*

Der Filter *Verflüssigen*

Ein echter Alleskönner auf dem Gebiet der Verzerrung ist der Filter *Verflüssigen*. Der Dialog selbst bietet diverse Instrumente zum Verkrümmen, Verzerren, Erweitern, Verkleinern und Verschieben. Im linken Bereich finden Sie entsprechende Werkzeuge, z.B. Strudel, Zusammenziehen, Turbulenz etc. Vorsicht, die Instrumente können stark verfremden, aber auch dazu eingesetzt werden, feine Veränderungen hervorzurufen. Um sauber zu arbeiten, können Sie zunächst den Zoomfaktor verändern. Unten links im Dialog bietet ein Pop-up-Menü diverse Einstellungen. Rechts im Dialog können Sie u.a. die Größe der Werkzeugspitze verändern.

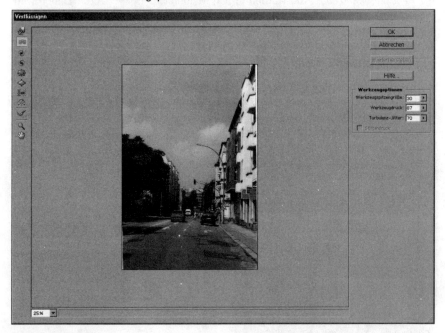

Der Dialog Verflüssigen

Die Wirkung der Werkzeuge im Überblick:

♦ *Verkrümmungswerkzeug:* Die Pixel werden beim Ziehen nach vorn geschoben.

♦ *Turbulenz-Werkzeug:* Pixel werden durcheinander gewirbelt und es entstehen Effekte wie Feuer, Wolken, Wellen. Sie können festlegen, wie stark die Pixel durcheinander gewirbelt werden. Geben Sie dazu im Feld *Turbulenz-Jitter* einen Wert zwischen 1 und 100 ein oder legen Sie den Wert mit dem Pop-up-Schieberegler fest. Je höher der Wert ist, desto glatter ist der Effekt.

♦ *Strudel Uhrzeigersinn-Werkzeug:* Pixel werden im Uhrzeigersinn gedreht, wenn Sie die Maustaste drücken oder ziehen.

◆ *Strudel gegen Uhrzeigersinn-Werkzeug*: Pixel werden gegen den Uhrzeigersinn gedreht, wenn Sie die Maustaste drücken oder ziehen.

◆ *Zusammenziehen-Werkzeug:* Pixel werden zur Malbereichsmitte hin verschoben, wenn Sie die Maustaste drücken oder ziehen.

◆ *Aufblasen-Werkzeug:* Pixel werden von der Malbereichsmitte weg verschoben, wenn Sie die Maustaste drücken oder ziehen.

◆ *Pixel-verschieben-Werkzeug:* Pixel werden senkrecht zur Werkzeugrichtung verschoben.

◆ *Reflexionswerkzeug:* Pixel werden in den Malbereich kopiert. Durch Ziehen wird der Bereich senkrecht zur Richtung des Malwerkzeugs (links vom oder unterhalb des Malwerkzeugs) gespiegelt. Mit überlappenden Pinselstrichen können Sie den Effekt einer Spiegelung im Wasser erzeugen.

◆ *Rekonstruktionswerkzeug*: Damit können Sie Änderungen ganz oder teilweise wieder rückgängig machen.

In der Abbildung wurde das *Turbulenz-Werkzeug* aus dem Dialog auf den Straßenbereich angewendet.

Turbulenz für den Straßenbereich

Sie können die Instrumente risikolos probieren und dann einfach auf die Schaltfläche *Wiederherstellen* klicken. Damit wird der Ursprungszustand wieder hergestellt und niemand hat gesehen, dass Sie den "Lover" kurzfristig entstellt haben!

Vergröberungsfilter

Diese Filter bewirken im Großen und Ganzen, dass die Pixelanordnung des Bildes neu arrangiert wird. Manche der Filter im entsprechenden Untermenü werden automatisch ausgeführt, die Filter *Kristallisieren, Mosaikeffekt* und *Punktieren* bieten Spezifikationsmöglichkeiten. In der Regel resultieren höhere Werte in größere Pixelgruppen, Effekte sind oft schon bei der kleinsten Verschiebung des Reglers in den Dialogen zu erkennen.

Ein Bild, auf das der Filter Punktieren *angewandt wurde.*

Stilisierungsfilter

Interessante Effekte finden sich auch in den Untermenüs des *Stilisierungsfilters*. Hier lassen sich Bildinhalte beispielsweise in Form geometrischer Muster erfassen und Konturen nachzeichnen (*Leuchtende Konturen, Konturwerte finden*). Durch den Filter *Konturen finden* werden entlang der Konturen farbige Linien gezeichnet, der Rest des Bildes wird quasi unsichtbar.

Über den Filter *Kacheln* können Sie jemanden hinter einem Gitternetz verschwinden lassen. Das sieht dann aus wie in der Abbildung unten.

Der Filter Kacheln

Gern verwendet wird der Filter *Relief*, der entsprechende Dialog bietet individuelle Einstellungsmöglichkeiten. Niedrige Werte im Bereich *Stärke* bewirken ein gleichmäßiges Grau, höhere Werte stärkere Kontraste. Je nach Einstellung wird eine Grau in Grau gehaltene (scheinbare) Dreidimensionalität erzeugt.

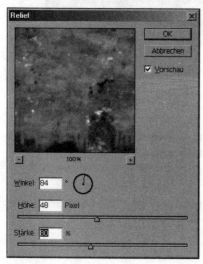

Der Dialog zum Einstellen des Relief-Filters

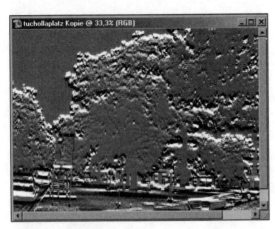

Ein Bild mit Relief-Filter

Windeffekt

Eine dynamische Wirkung wird dem Bildinhalt durch den Filter *Windeffekt* verliehen. Hier können sogar drei unterschiedliche Windstärken eingestellt und festgelegt werden, aus welcher Richtung der Wind "wehen" soll. Die beiden Abbildungen zeigen den Before- und After-Effekt. Der Windeffekt wurde nur auf eine Auswahl (der Adler-Kopf ohne Schnabel) angewendet, nicht auf das ganze Bild.

Windstill

So kommt Wind auf

Effektfilter

Als spezielle *Effektfilter* gelten u.a. die *Kunstfilter, Malfilter* und *Zeichenfilter*. Durch diese Filter werden im Prinzip klassische Maltechniken auf die Bilder angewendet. Naturgemäß lassen sich dadurch erstaunliche Veränderungen erreichen. Experimentieren Sie beispielsweise mit dem Effekt *Aquarell* (im Untermenü von *Kunstfilter*), wodurch ein Bild je nach Einstellung schwächer oder stärker wie mit Wasserfarben gemalt aussehen kann, oder probieren Sie die Filter *Ölfarben getupft, Schraffuren, Schwamm* oder *Fresco* aus.

Bild mit und ohne Schwammeffekt

Der Filter *Conté-Stifte* (in der Kategorie *Zeichenfilter*) zaubert Strukturen auf den Vorder- und Hintergrund, wobei die aktuelle Vordergrundfarbe aufgenommen wird.

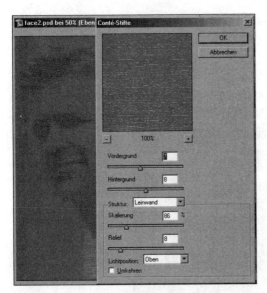

Ein Foto mit Conté-Stiften verfremden

Rendering-Filter

Mit den Varianten des Rendering-Filters lassen sich vor allem interessante 3D-Effekte erzeugen und Lichtreflexionen simulieren. Die 3D-Transformation verwandelt zweidimensionale Objekte in eine dreidimensionale Form.

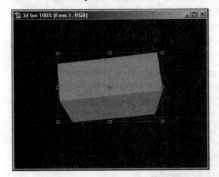

Eine 3D-Form

Sie wählen im entsprechenden Dialog (*Filter > Rendering-Filter > 3D-Transformieren*) eine der Formen (Kugel, Quader oder Zylinder) und ziehen sie auf dem Bild im Vorschaubereich auf. Diese Form können Sie dann mit den Werkzeugen im linken Bereich bearbeiten. Achten Sie auch auf den Bereich *Kamera* auf der rechten Seite. Der Regler wirkt wie eine Kamera, die sich auf ein Objekt zu oder weg bewegt.

Eine genauere Beschreibung dieses Filters und seiner Anwendung finden Sie im *Kapitel 10: Kreativ mit Pinsel, Stift und Farbe.*

Beleuchtungseffekte

Der Dialog *Beleuchtungseffekte* (*Rendering-Filter > Beleuchtungseffekte*) bietet differenzierte Möglichkeiten, um Lichteinfälle zu bestimmen.

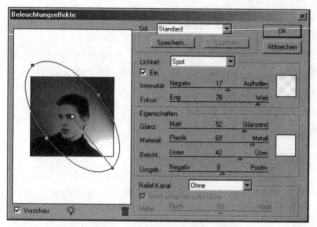

Der Dialog Beleuchtungsfilter *zum Simulieren von Lichtreflektionen und Lichtverhältnissen*

In der Auswahlliste des Feldes *Stil* stehen "fertige" Lichtstile zur Verfügung. Sie können aber auch eigene Stile kreieren und unter einem Namen speichern. Durch Verschieben des Indikators auf dem Vorschaubild können Sie den Lichteinfall verändern und neu positionieren. Spielen Sie am besten diverse Möglichkeiten durch, Sie werden sehen, dass schon kleine Änderungen einen starken Effekt auf das Bild haben und zum Teil eine ganz neue Atmosphäre erzeugen.

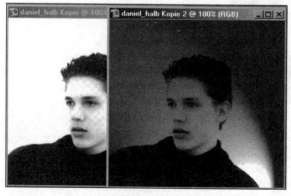

Bild mit und ohne Beleuchtungseffekt

Sonstige Filter

Im Untermenü von *Sonstige Filter* finden Sie u.a. *Hochpass*. Der Filter zeigt Kanten-details und unterdrückt den Rest des Bildes. Je nach Radius kann dieser Filter fast ei-nen Negativ-Effekt erzeugen, er kann aber auch dazu angewendet werden, um ein Foto, was zu blass ist und zu wenig Konturen hat, mit wenig Aufwand zu schärfen.

Der Hochpassfilter kann sich so ...

... oder so auswirken

Die Palette *Filter*

Einen prima Überblick über die Effekte durch Filter bietet die Palette *Filter*, gegebenenfalls über das Menü *Fenster* zu öffnen. Praktisch: Sie können auch über die Palette die Filter auf Bilder bzw. Bildteile anwenden. Klicken Sie dazu auf die Miniatur des gewünschten Filters und dann auf die Schaltfläche *Anwenden*.

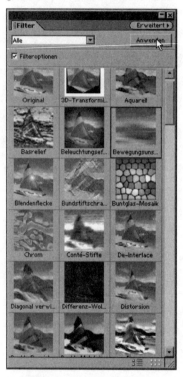

Die Palette Filter *zeigt die Effekte von Filtern in Miniaturansichten*

Effekte ohne Ende

Photoshop Elements hat eine weitere Palette an Bord, mit der Sie die Erscheinungsweise von Bildern drastisch verändern können, die Palette *Effekte*. Die über diese Palette auszuwählenden Effekte sind teilweise Varianten der Filter und erzeugen im Handumdrehen wirklich erstaunliche Resultate. Sie können sich die Effekte anzeigen lassen und zuweisen, indem Sie die Palette im Menü *Fenster* öffnen. Über die Schaltfläche *Anwenden* oder per Doppelklick erhält das geöffnete Bild den Effekt zugewiesen.

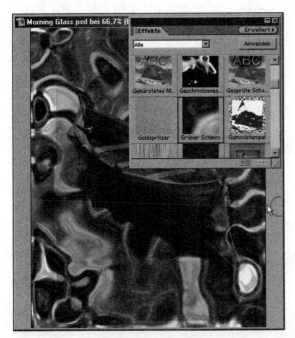

Wie wär's mit einem Boot in grünem Schleim?

10. Kreativ mit Pinsel, Stift und Farbe

Einige der Instrumente, die Sie in erster Linie zum Malen und Zeichnen benutzen, haben Sie bereits bei einigen Beispielen kennen gelernt. Sie sollen hier noch einmal systematisch dargestellt werden. Als Malwerkzeuge kommen vor allem zum Einsatz:

◆ *Werkzeugspitzen-Werkzeug*

◆ *Impressionisten-Pinsel*

◆ *Buntstift-Werkzeug*

In gewisser Weise gehören auch der *Musterstempel* und der *Wischfinger* zu den Malwerkzeugen, da Sie auch mit diesen Werkzeugen Farbe auftragen.

Zum Zeichnen benutzen Sie die Form-Werkzeuge, also das Rechteck und andere Formen.

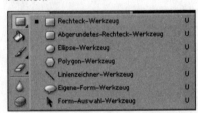

Die verschiedenen Form-Werkzeuge

Während Sie mit den Malwerkzeugen da, wo Sie malen, die Pixelfarbe verändern und auf der momentan ausgewählten Ebene arbeiten, erzeugen Sie mit den Zeichen-Werkzeugen (in der Standardeinstellung) jeweils eine Form auf einer neuen Ebene.

Welche Farbe wird verwendet?

Photoshop Elements unterscheidet – wie Sie bei diversen Aktionen bereits bemerkt haben – zwischen Vordergrundfarbe und Hintergrundfarbe. Das ist mitunter etwas verwirrend, da nicht auf den ersten Blick klar ist, wann welche Farbe benutzt wird.

Vordergrundfarbe

Grundsätzlich gilt: Die Vordergrundfarbe wird zum Malen verwendet und zum Füllen von Auswahlen und Formen.

◆ Zum Malen verwendet Photoshop Elements die Vordergrundfarbe, d.h., wenn Sie eines der Malwerkzeuge (*Werkzeugspitze*, *Bleistift*) aktivieren, wird die aktuelle Vordergrundfarbe aufgetragen.

◆ Wenn Sie Auswahlen oder Flächen mit dem *Füll-Werkzeug* mit Farbe füllen, wird die Vordergrundfarbe verwendet.

◆ Wenn Sie Konturen für eine Auswahl festlegen, wird die Vordergrundfarbe verwendet.

Hintergrundfarbe

◆ Die Hintergrundfarbe kann zum Erstellen und Variieren von Farbverläufen verwendet werden.

◆ Flächen können mit dem Befehl *Fläche füllen* mit der Hintergrundfarbe gefüllt werden.

◆ Neue Dateien können mit der aktuellen Hintergrundfarbe angelegt werden.

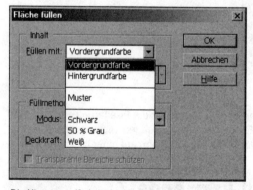

Die Hintergrundfarbe oder Vordergrundfarbe zum Füllen von Flächen benutzen

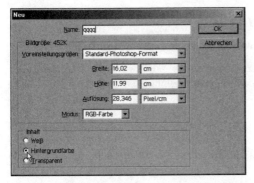

Eine neue Datei kann mit der aktuellen Hintergrundfarbe angelegt werden.

Mit dem Pinsel arbeiten

Um nicht irgendwelche Fotos voll zu klecksen, ist es am besten, dass Sie die Mal-Werkzeuge in einer neuen Datei ausprobieren.

Eine neue Datei erstellen

Wenn Sie eine neue Datei erstellen möchten, gehen Sie dazu wie folgt vor:

1. Klicken Sie auf *Öffnen > Neu.*

2. Vergeben Sie einen Namen und geben Sie Maße und einen Auflösungs-Wert ein.

3. Im Bereich *Inhalt* legen Sie *Weiß* fest, die *Hintergrundfarbe* oder wählen *Transparent.*

   Wenn Sie eine andere Hintergrundfarbe als die aktuell eingestellte haben möchten, müssen Sie diese vorher festlegen, indem Sie auf das Symbol für die Hintergrundfarbe (*Hintergrundfarbe einstellen* unten in der Werkzeugleiste) klicken und im Dialog *Farbwähler* mithilfe des Schiebereglers und per Mausklick in den Farbbereich eine Farbe auswählen.

> **Hinweis**
>
> Die Entscheidung, ob Sie eine Farbe oder Transparenz wählen, hat Auswirkungen auf die Ebenen. Mit Transparenz wird eine "normale" Ebene erzeugt, die nicht den Beschränkungen der Hintergrundebene unterliegt, also beispielsweise unterschiedliche Füllmethoden anbietet. Mit einer Farbe erzeugen Sie eine Hintergrundebene, können also alle folgenden Ebenen auf diese reduzieren, was vorteilhaft für die Dateigröße ist.

4. Klicken Sie auf *OK.* Sie haben mit dieser Aktion eine Hintergrund-Ebene erstellt, wenn Sie eine Farbe und nicht *Transparenz* gewählt haben.

Vordergrundfarbe wählen

Um nun den Pinsel zu benutzen, wählen Sie zunächst eine Vordergrundfarbe.

Dazu klicken Sie auf das Symbol *Vordergrundfarbe einstellen* in der Werkzeugleiste und wählen die Farbe im Dialog *Farbwähler* oder bestimmen eine Farbe in der Palette *Farbfelder*.

Die Palette *Farbfelder*

Diese Palette ziehen Sie aus dem Palettenraum auf die Arbeitsfläche oder öffnen sie über das Menü *Fenster*.

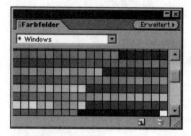

Die Palette Farbfelder

Klicken Sie einfach auf eines der kleinen Farbkästchen. Dadurch wird die angeklickte Farbe als Vordergrundfarbe aufgenommen (für die Hintergrundfarbe müssten Sie unter Windows beim Klicken die (Strg)-Taste gedrückt halten). Gegebenenfalls können Sie auch eine andere Farbfeld-Bibliothek benutzen; dazu öffnen Sie per Klick auf den Pfeil die Auswahlliste und wählen die gewünschte Bibliothek per Mausklick aus.

Farbe aufnehmen mit der Pipette

Es gibt noch eine Möglichkeit, eine Vordergrundfarbe einzustellen. Dieser Weg ist dann günstig, wenn Sie in einem Bild malen und eine der Farben benutzen möchten, die bereits im Bild verwendet werden. Um den exakten Ton zu treffen, benutzen Sie die *Pipette*:

1. Wählen Sie die *Pipette* aus der Werkzeugleiste.
2. Klicken Sie im Bild auf die Farbe, die Sie aufnehmen möchten.

Sie können sofort erkennen, dass Sie diese Farbe nun als Vordergrundfarbe einge-stellt haben. Werfen Sie einen Blick auf das Symbol *Vordergrundfarbe einstellen* in der Werkzeugleiste, es zeigt nun die neue Farbe. Um über die *Pipette* eine Hintergrund-farbe einzustellen, halten Sie beim Aufnehmen der Farbe die (Alt)-Taste gedrückt.

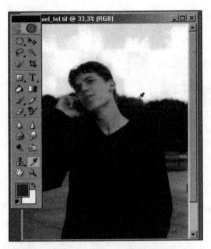

Eine Farbe mit der Pipette einstellen

Hinweis

Sie können die Farbfeld-Bibliotheken auch selbst erweitern. Aktivieren Sie dazu die *Pipette* aus der Werkzeugleiste und klicken Sie auf die Farbe, die Sie aufnehmen möchten. Danach klicken Sie in der Farbfelder-Palette auf das Symbol *Neues Farbfeld aus der Vordergrundfarbe erstellen*. Im Nu wird ein Kästchen mit der aufgenommenen Farbe der Bibliothek hinzugefügt. Das Farbfeld können Sie sogar benennen. Klicken Sie das Kästchen dazu doppelt an, es erscheint ein Dialog, in dem Sie einen Namen eintragen können.

Wie im Hinweistext erklärt, kann der Bibliothek eine Farbe hinzugefügt werden.

Die Optionsleiste der Werkzeugspitze

Optionen der Werkzeugspitze

Wenn Sie die *Werkzeugspitze* aktiviert haben, bietet die Optionsleiste diverse Einstellungsmöglichkeiten. Abgesehen von der Pinselvorgabe und der *Größe* des Pinsels können Sie einen anderen *Modus* einstellen und die *Deckkraft* verändern. Die Auswirkung der unterschiedlichen Modi auf den Pinselstrich probieren Sie am besten selbst aus, sie lassen sich schwer alle definieren.

Auch die Einstellung unterschiedlicher Pinselvorgaben verändert den visuellen Effekt des Pinsels sehr stark. Wenn Sie beispielsweise den Pinsel *Rund weich 200 Pixel* (bzw. einen auf die Größe Ihres Blattes angepasste Größe) aktivieren, können Sie einfach durch Mausklick ganz zarte Tupfer setzen.

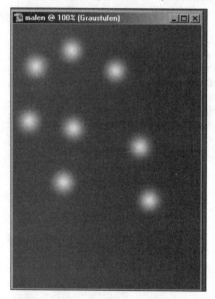

Mit dem Pinsel getupft

Darüber hinaus bietet das Symbol ganz rechts noch Einstellungsmöglichkeiten. Klicken Sie einfach auf das Symbol neben *Erweiterte Optionen*; Sie erhalten dann ein Menü, in dem Sie die Werkzeugspitze noch variieren können. Wenn Sie den Mauszeiger an die Schieberegler halten, erscheint eine Info-Box mit näherer Erklärung.

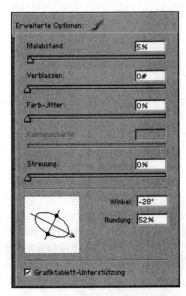

Die erweiterten Optionen für den Pinsel

Experimentieren Sie mit unterschiedlichen Einstellungen. Klicken Sie zum Malen dann einfach auf das Bild und ziehen Sie mit gedrückter Maustaste mit dem Pinsel über das "Blatt" oder (bei einer großen Pinselvorgabe) klicken Sie an einzelnen Stellen.

Hinweis

Achten Sie auf die Ebenen-Palette: Bei einer Hintergrund-Ebene malen Sie auf dem Hintergrund, bei eingestellter Transparenz malen Sie auf der Ebene 1.

Pinselvorgaben: Blätter etc.

Die Auswahlliste des Feldes *Ausgewählte Pinselvorgaben anzeigen* in der Optionsleiste bietet noch einige unkonventionelle Pinselspitzen, z.B. Ahornblätter oder Sternenregen. Wenn Sie eine dieser Vorgaben aktivieren, malen Sie nicht mit einem "normalen" Pinsel, sonder tragen – in der gewählten Größe – das jeweils gewählte Muster auf. Klicken Sie auf den Pfeil an diesem Feld und wandern Sie mit der Bildlaufleiste zu diesen Vorgaben.

Wenn Sie den Mauszeiger links neben die Vorschau setzen, wird die Bezeichnung der Pinselvorgabe angezeigt, sodass Sie in etwa ahnen können, was Sie erwartet. Die Arbeit mit diesen Pinselarten ist sehr verlockend. Sie haben – beispielsweise – sicherlich noch nie so schnell und einfach eine Reihe von Ahornblätter gemalt!

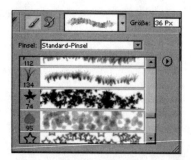

Ein Pinsel, der Blätter und Ähnliches aufträgt

Gerade Striche zeichnen

Zum Malen von geraden Strichen muss die Hand nicht besonders ruhig sein! Wenn Sie die ⇧-Taste gedrückt halten, malen Sie automatisch gerade Linien. Dies geht in zwei Varianten:

1. Setzen Sie bei gedrückter ⇧-Taste per Mausklick einen Anfangspunkt.
2. Halten Sie die Taste weiterhin gedrückt und setzen Sie den nächsten Punkt etc.

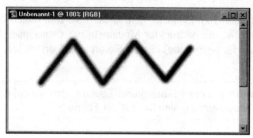

Gerade Striche

3. Sie können die Maustaste beim Malen (mit gedrückter ⇧-Taste) auch gedrückt halten, dann ziehen Sie nach jedem Mausklick beim Richtungswechsel automatisch gerade horizontale oder vertikale Linien.

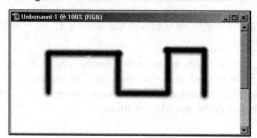

Horizontale und vertikale Striche erzeugen

Impressionistisch!

Photoshop Elements bietet wirklich so allerhand! Statt des normalen Pinsels können Sie auch in die Zeit des Impressionismus zurückgehen und den so genannten *Impressionisten-Pinsel* schwingen.

Mit diesem Pinsel wird jedoch keine Farbe aufgetragen, er verwischt lediglich vorhandene Pixel. Wollen Sie mit diesem Pinsel malen, müssen Sie erst den normalen Pinsel benutzen und dann mit dem *Impressionisen-Pinsel* über die Linien fahren. Probieren Sie es einmal aus – Sie werden erstaunt sein. Sie können diesen Pinsel auch dazu benutzen, Bilder zu verwischen und voilà, schon haben Sie ein impressionistisches Gemälde!

In der Optionsleiste des *Impressionisten-Pinsel* können Sie wiederum bestimmte Eigenschaften einstellen, die Auswahlliste des Symbols *Erweiterte Optionen* bietet außerdem Stil-Varianten.

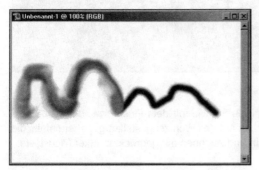

Mit dem Impressionisten-Pinsel *gemalt*

Natürlich können Sie auch einem Foto mit dem Impressionisten-Pinsel einen neuen Anstrich geben, das sieht dann so aus (der hintere Teil des Bildes ist verwischt):

Ein Bild mit dem Impressionisten-Pinsel *verwischen*

Der Buntstift

Mit dem *Buntstift* können Sie sehr feine (oder auch breite) Linien mit harten Kanten
zeichnen. Die Optionsleiste bietet wie üblich die Möglichkeit, genauere Einstellungen
vorzunehmen. Die Auswahlliste des Feldes für die Festlegung der Pinselart (*Ausgewählte Pinselvorgaben anzeigen*) bietet wie bei der *Werkzeugspitze* wieder die zahlreichen Varianten, vom einfachen dünnen Stift bis hin zu Kohleeffekt oder Dünengras.
Die Bezeichnungen sind zum größten Teil identisch mit den Vorgaben des Pinsels, die
optische Wirkung variiert jedoch oft.

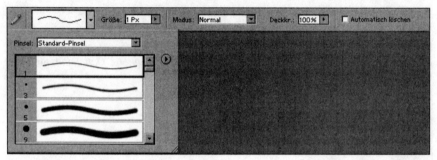

Die Optionen des Buntstift-*Werkzeugs*

Um den *Buntstift* anzuwenden, verfahren Sie wie mit dem Pinsel bzw. der *Werkzeugspitze*. Sie legen eine Farbe fest, klicken auf das Werkzeug, stellen gegebenenfalls die
Eigenschaften in der Optionsleiste ein und zeichnen mit gedrückter linker Maustaste.

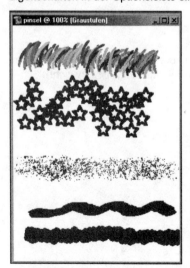

Unterschiedliche Linien und Striche des Buntstifts

Malen auf neuer Ebene

Standardmäßig malen Sie mit dem Malwerkzeug auf der aktiven Ebene. Sie können aber auch jeweils auf einer neuen Ebene malen, um so die Vorteile der Ebenen-Technik zu nutzen; dann lässt sich das "Gemalte" z.B. problemlos wieder entfernen, indem Sie einfach die Ebene löschen, oder Sie können die Ebene verschieben, um die Reihenfolge der Inhalte zu ändern.

Um auf einer neuen Ebene zu malen, erstellen Sie über *Ebene > Neu > Ebene* eine neue Ebene. Die Ebene ist transparent. Wenn darunter also eine Ebene mit Farbe und Inhalt liegt, scheint diese durch und Sie sehen die neue Ebene nur in der Ebenen-Palette.

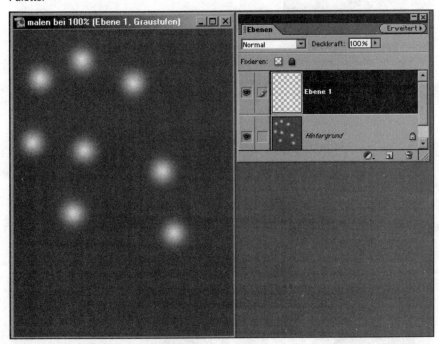

Eine neue transparente Ebene wurde erzeugt.

Aktivieren Sie nun diese Ebene, um auf ihr zu malen. Mit einem harten großen Pinsel (*Werkzeugspitze*) können Sie per Mausklick einen Kreis erzeugen. Ein bisschen "Dünengras" als Pinselvorgabe, und fertig ist Ihr Bild! Denken Sie daran: Da die Ebene transparent ist, ist auch der Inhalt der darunter liegenden Ebene zu sehen.

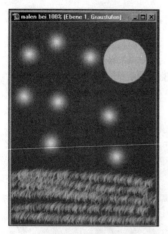

Auf einer neuen Ebene malen, der "Mond" mit einem großen Pinsel, das Gras mit "Dünengras"

Farbverläufe

Sehr eindrucksvoll sind immer wieder so genannte Farbverläufe, d.h. zwei (oder mehr) Farben, die auf eine bestimmte Art und Weise ineinander laufen. Mit solchen Farbverläufen kann man mühelos einen interessanten Hintergrund erzeugen, oder auch ausgewählte Bereiche ausfüllen. Photoshop Elements bietet eine Reihe von fertigen Verläufen an, die man so übernehmen oder aber bearbeiten und variieren kann. Vorsicht: Wenn Sie auf einem Bild nichts ausgewählt haben, füllt ein Verlauf die ganze Ebene. Probieren Sie es erst mal in einer neuen Hintergrunddatei.

1. Legen Sie eine neue Datei an (*Datei > Neu*). Zum Test spielen die Einstellungen keine große Rolle, wählen Sie beispielsweise 10 cm und 14 cm und eine Auflösung von 150. Klicken Sie im Bereich Inhalt *Transparent* an.

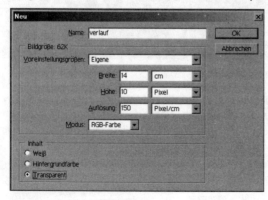

Eine neue Datei anlegen

2. Legen Sie – sofern Sie einen Verlauf aus der Vordergrundfarbe und Hintergrundfarbe erstellen möchten – zunächst diese beiden Farben fest. Aktivieren Sie dann das Werkzeug *Verlauf* in der Werkzeugleiste.

3. Klicken Sie in der Optionsleiste auf den Pfeil am Feld für den eingestellten Verlauf. Dadurch erscheint das Pop-up-Menü.

4. Wählen Sie in der aktuellen Palette per Mausklick einen Verlauf, das Kästchen oben links (*Vordergrund-Hintergrund*) erzeugt den Verlauf aus den eben festgelegten Farben, wählen Sie eine der anderen Verlaufsarten in der Palette oder klicken Sie auf den kleinen Pfeil; dies öffnet ein Menü, in dem weitere Verlaufsbibliotheken angeboten werden.

5. Sie können dann noch die Art des Verlaufs festlegen. Die entsprechenden Symbole bieten fünf unterschiedliche Arten: *Linear, Radial, Verlaufswinkel, Reflektierter Verlauf, Rauteverlauf.*

6. Setzen Sie den Mauszeiger an eine Ecke bzw. Seite des Blattes und ziehen Sie mit gedrückter Maustaste eine Linie zur anderen Ecke bzw. Seite. Sobald Sie die Maustaste loslassen, wird der Verlauf erzeugt.

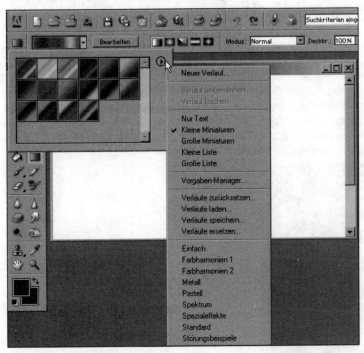

Im Menü werden weitere Paletten angeboten, z.B. Metall oder Pastell

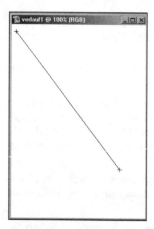

Einen Verlauf festlegen

Umgang mit Verläufen

Es lohnt sich, ein bisschen mit den Verläufen zu experimentieren, da die Ergebnisse je nach Verlauf und gewählter Verlaufsart sehr unterschiedlich ausfallen. Außerdem spielt es eine Rolle, wie Sie den Verlauf aufziehen. Ziehen Sie beispielsweise nur eine kurze Linie, verteilt sich die Farbe anders als mit einer Linie, die quer über das Blatt geht. Die Farben an den Seiten füllen dann die Fläche aus, an denen keine Linie gezogen war. Beim Typ *Verlaufswinkel* wird der Winkel da angesetzt, wo Sie mit der Maus klicken. Beim *radialen Verlauf* bestimmt die Länge der Linie und der erste Mausklick die Platzierung und Größe des Kreises. (Das lässt sich mit Schwarz-Weiß-Abbildungen schlecht demonstrieren, probieren Sie es selbst aus!)

Ein linearer Verlauf auf Basis einer kurzen Linie

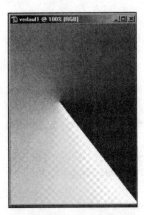

Ein Verlauf mit Verlaufswinkel

Ein radialer Verlauf

Verläufe bearbeiten

Die fertigen Verläufe können Sie bearbeiten und so einen neuen Verlauf erstellen.

1. Wählen Sie das *Verlaufswerkzeug* aus.

2. Klicken Sie neben der Verlaufsanzeige auf die Schaltfläche *Bearbeiten*.

3. Bestimmen Sie im Dialog *Vorgaben* einen Verlauf, den Sie variieren möchten. Wenn Sie auf die Schaltfläche *Erweitert* klicken, erhalten Sie das Menü mit weiteren Paletten.

4. Legen Sie die Anfangsfarbe des Verlaufs fest, indem Sie auf den linken Farbverlaufsregler unterhalb des Farbverlaufsbalkens klicken. Das Dreieck über dem Symbol wird schwarz und zeigt damit an, dass Sie gerade die Anfangsfarbe bearbeiten.

5. Wählen Sie eine Farbe, Sie haben mehrere Möglichkeiten:

    Klicken Sie auf das Felde *Farbe*. Wählen Sie im Dialog *Farbwähler* eine Farbe aus und klicken Sie auf *OK*.

    Klicken Sie doppelt auf den kleinen Farbregler.

    Öffnen Sie das Pop-up-Menü des Feldes *Farbe* und wählen Sie die Option *Vordergrundfarbe* bzw. *Hintergrundfarbe*.

    Setzen Sie den Mauszeiger auf den Verlaufsbalken (der Zeiger wird zur Pipette) und klicken Sie, um eine Farbe aufzunehmen.

6. Legen Sie die Endfarbe des Verlaufs fest, indem Sie auf den rechten Farbverlaufsregler unterhalb des Farbverlaufsbalkens klicken. Wählen Sie dann eine Farbe aus (siehe Schritt 5).

7. Um die Position des Anfangs- bzw. Endpunkts zu ändern, ziehen Sie den entsprechenden Farbverlaufsregler links bzw. rechts an die gewünschte Position.

8. Klicken Sie auf *Löschen*, wenn Sie eine Farbe aus dem Verlauf ganz löschen möchten. Achten Sie darauf, vorher den richtigen Farbregler markiert zu haben (aktiv ist der mit dem schwarzen "Dach").

9. Geben Sie zum Festlegen der Glättung des Farbübergangs im Feld *Glättung* einen Prozentsatz ein oder ziehen Sie den Pop-up-Regler und geben Sie gegebenenfalls Transparenzwerte für den Verlauf ein.

10. Um den Verlauf als vorgegebenen Verlauf zu speichern, geben Sie einen Namen für den neuen Verlauf ein und klicken Sie auf die Schaltfläche *Neu*. Der neue Verlauf wird unmittelbar im Bereich *Vorgaben* angezeigt.

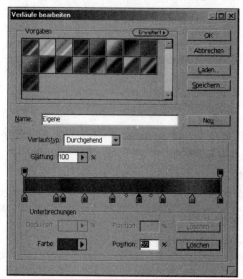

Farbverläufe bearbeiten und neu erstellen

Zwischenfarben hinzufügen

Sie können nicht nur Farben ändern, sondern einem Verlauf auch neue Farben hinzufügen. Klicken Sie im Dialogfeld *Verläufe bearbeiten* auf eine Stelle unterhalb des Verlaufsbalkens, um einen weiteren Farbverlaufsregler zu definieren. Legen Sie die Farbe fest und ändern Sie, wie beim Anfangs- bzw. Endpunkt, die Position und den Mittelpunkt für die Zwischenfarbe.

Zeichnen mit Photoshop Elements

Beim Zeichnen mit Photoshop Elements geht es im Wesentlichen um das Aufziehen von Formen, die mehr oder minder parat stehen. Dabei wird, wie eingangs bereits erwähnt, jeweils eine neue Ebene erstellt – es sei denn, Sie gehen einen spezifischen Weg (zu dem wir später kommen). Die Formen, die Sie zeichnen, nehmen automatisch die Vordergrundfarbe an.

Noch etwas müssen Sie beim Zeichnen beachten: Es handelt sich um Vektorobjekte. Das hat zur Folge, dass die Zeichnungen für manche Aktionen vereinfacht, d.h. gerastert werden müssen und damit dann ihr Vektorformat verlieren.

Formen aufziehen

Im Prinzip ist es sehr einfach, Formen zu zeichnen:

1. Stellen Sie die gewünschte Vordergrundfarbe ein (blättern Sie notfalls zurück zum vorherigen Abschnitt über das Malen).

2. Aktivieren Sie das Rechteck-Werkzeug oder eines der anderen Werkzeuge aus dem Flyout. Klicken Sie dazu das Werkzeug mit der rechten Maustaste an.

3. Ziehen Sie die Form mit gedrückter Maustaste auf.

Eine Form ist mit dem entsprechenden Werkzeug schnell aufgezogen.

Werfen Sie nun einen Blick auf die *Ebenen-Palette*. Sie sehen, dass eine neue Ebene mit dem Namen Form 1 angelegt wurde, die die Form enthält, die Sie aufgezogen haben.

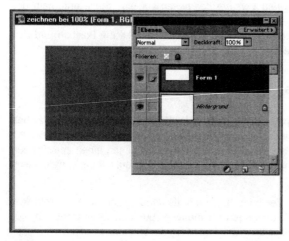

Eine neue Ebene

Wenn Sie eine weitere Form zeichnen, wird automatisch eine neue Ebene angelegt, d.h. jede neue Form befindet sich auf einer eigenen Ebene. Dies sehen Sie noch einmal deutlich an der Abbildung, die aus vier unterschiedlichen Formen besteht.

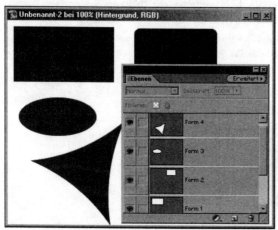

Ein Rechteck, ein abgerundetes Rechteck, eine Ellipse und ein Polygon

Das kann man allerdings auch anders regeln, und zwar so, dass alle Formen auf der gleichen Ebene landen.

Mehrere Formen auf einer Ebene

1. Aktivieren Sie das gewünschte Form-Werkzeug.
2. Klicken Sie in der Optionsleiste auf das Symbol *Dem Formbereich hinzufügen*.
3. Wenn Sie jetzt zeichnen, wird die Form auf die gleiche bzw. zuvor ausgewählte Formebene platziert, wie Sie an der Miniatur in der Ebenen-Palette erkennen können.

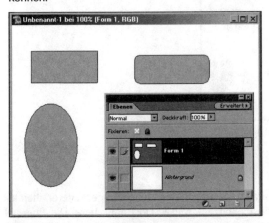

Mehrere Zeichnungen auf einer Ebene

Linien zeichnen

Mit dem Linien-Werkzeug können Sie gerade und schräge Linien zeichnen, es ist jedoch kein Freihandwerkzeug zum Zeichnen völlig freier Formen. Sie zeichnen mit gedrückter Maustaste und klicken jeweils, wenn Sie die Richtung wechseln möchten.

Eigene-Form-Werkzeug

Eine Menge an netten Formen und Objekten, die sich einfach aufziehen lassen, bietet das Werkzeug *Eigene-Form*. Wenn Sie dieses Werkzeug aktivieren, finden Sie in der Optionsleiste in dem Menü des Feldes *Form* zahlreiche Vorgaben.

Die Formen des Eigene-Form-*Werkzeugs*

Wenn Sie eine dieser Formen per Mausklick aktivieren, zeichnen Sie automatisch diese Form. Im Pop-up-Menü des Symbols *Geometrie-Optionen* (der Pfeil) können Sie das Werkzeug weiter spezifizieren.

Formen aus dem Eigene-Form-*Werkzeug*

Form-Bibliotheken

Der Auswahlpfeil in der Form-Palette bietet im Menü eine Menge weiterer, thematisch zusammengefasster Form-Bibliotheken, z.B. Musik, Obst oder Tiere. Die Auswahl ist beeindruckend.

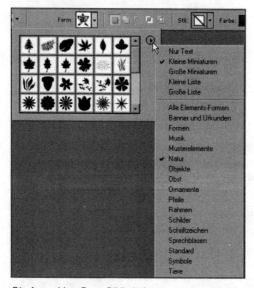

Die Auswahl an Form-Bibliotheken

Stile für die Formen

Das Feld *Stil* befindet sich in der Optionsleiste aller Formen. In der Auswahlliste dieses Feldes können Sie eine Reihe teils dreidimensional wirkender visueller Stile mit den unterschiedlichsten Strukturen, Mustern und Farben einstellen. Riskieren Sie mal einen Blick, die Auswahl ist groß und verblüffend. Praktisch: Wenn Sie ein Rechteck aufziehen, sind Sie in Kombination mit einem passenden Stil im Nu in Besitz von dreidimensional aussehenden Schaltflächen.

Klicken Sie auf den Pfeil an dem Feld *Stil* und in der Palette gegebenenfalls auf den nach rechts weisenden Pfeil, um weitere Optionen zu erhalten und andere Stilbibliotheken zu öffnen.

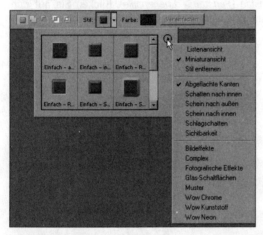

Stile für die Formen

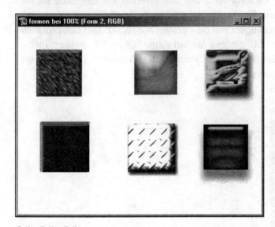

Stile, Stile, Stile ...

Achten Sie bei der Verwendung der Stile darauf, dass Sie die richtige Ebene markiert haben, denn der Stil überträgt sich, sobald Sie ihn auswählen, auf die aktuell markierte Ebene. Wenn Sie einen Stil wieder entfernen möchten, klicken Sie im Menü der Palette auf den Eintrag *Stil entfernen*. Im Feld *Stil* erscheint dann ein weißes Rechteck mit einem diagonalen roten Querstrich.

Eine "leere" Ebene mit einem Stil füllen

Wie Sie gesehen haben, werden die – eben beschriebenen – Ebenen-Stile auf den Inhalt einer Ebene angewendet. Sie lassen sich auch auf eine ganze Fläche bzw. Ebene anwenden, vorausgesetzt, dass die Ebene keine Hintergrund-Ebene ist. Öffnen Sie gegebenenfalls die Palette *Ebenenstile* (*Fenster > Ebenenstile*). Klicken Sie auf den Auswahlpfeil, um das Menü zu öffnen und wählen Sie eine Stilbibliothek aus.

Die Palette Ebenenstile

Sobald Sie auf eines der Muster klicken, wird der Stil übertragen. Die Stile wirken (z.T.) übrigens kumulativ, d.h., wenn Sie einen Stil anwenden, und danach einen anderen, setzt sich der zweite Stil sozusagen auf den ersten auf, wirkt also beispielsweise auf einem bereits zugewiesenen Stil anders als auf einer Fläche mit weißen Pixeln. Rechts in der Palette finden Sie das Symbol *Stil löschen* (das Verbotsschildchen), damit entfernen Sie einen zugewiesenen Stil.

Eine Ebene mit einem zugewiesenen Stil (Backstein in der Bibliothek Muster*)*

Varianten der Formen

Nützliche Einstellungsmöglichkeiten finden Sie bei fast allen Werkzeugen zum Zeichnen von Formen im Pop-up-Menü des Symbols *Geometrie-Optionen* (der Pfeil) rechts neben den Symbolen der Formen. Je nach aktiviertem Werkzeug werden hier unterschiedliche Optionen angeboten.

Rechteck-Optionen

Bei den Rechteck-Optionen können Sie beispielsweise festlegen, dass ein Quadrat aufgezogen wird oder ein Rechteck in einer bestimmten Größe.

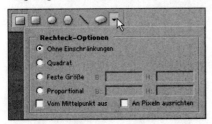

Die Rechteck-Optionen

Polygon-Optionen

Insbesondere beim Polygon können Sie hier viel verändern. Achten Sie zunächst auf das Feld *Seiten*, in dem Sie die Zahl der Seiten der Polygon-Form angeben. Im Pop-up-Menü des Symbols *Geometrie-Optionen* können Sie den Radius einstellen, die Ecken abrunden und eine Stern-Form vorgeben.

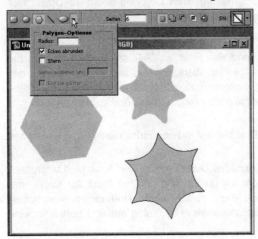

Polygon-Einstellungen: ein 6seitiges Polygon, ein Stern mit abgerundeten Ecken und nicht-abgerundeten Ecken

Linien-Optionen

Das Pop-up-Menü der *Geometrie-Optionen* bietet die Möglichkeit, aus der Standard-Linie eine Linie mit Pfeil zu machen. Die Stärke des Pfeils variieren Sie im Feld *Breite* dieses Menüs.

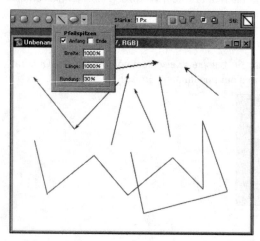

Linien-Optionen

3D-Formen

Im *Kapitel 9: Wirkungsvolle Filter* wurde der Filter *3D-Transformieren* bereits kurz angesprochen. Nachfolgend wird die Verwandlung eines Objektes in ein 3D-Objekt hier noch mal Schritt für Schritt durchgegangen.

1. Wählen Sie die Ebene, den Bereich oder die Form für die Transformation aus.

2. Wählen Sie im Menü *Filter* > *Rendering-Filter* > *3D-Transformieren*. Wählen Sie dann im Dialogfeld eines der folgenden Werkzeuge: *Quader-Werkzeug*, um das Bild auf eine Quaderoberfläche abzubilden. *Kugel-Werkzeug*, um das Bild auf eine Kugeloberfläche abzubilden. *Zylinder-Werkzeug*, um das Bild auf eine zylindrische Oberfläche abzubilden.

3. Erstellen Sie durch Ziehen ein Drahtmodell in Form eines dieser eben genannten Werkzeuge über dem Bild.

4. Ändern Sie die Position oder Form des Drahtmodells. Die Ankerpunkte müssen an den Ecken der Schachtel oder am oberen und unteren Rand der Kugel oder des Zylinders ausgerichtet sein. Wenn das gesamte Drahtmodell verschoben werden soll, wählen Sie das *Auswahlwerkzeug* im Dialog aus und ziehen Sie eine der Seiten des Drahtmodells.

5. Möchten Sie einen Ankerpunkt verschieben, wählen Sie das *Direkt-Auswahl-Werkzeug* aus und ziehen Sie einen der Ankerpunkte des Drahtmodells.

Vorsicht

Wenn Sie versuchen, ein Modell zu erstellen, das sich nicht dreidimensional darstellen lässt, wird das Drahtmodell rot angezeigt.

6. Sollen hinzugefügte Kurvenpunkte in Eckpunkte (oder umgekehrt) umgewandelt werden, wählen Sie das *Ankerpunkt-umwandeln-Werkzeug* aus und klicken Sie auf den Punkt. Beim Anpassen eines Kurvenpunkts entsteht eine leichte Kurve, bei einem Eckpunkt eine spitze Ecke.

7. Soll ein hinzugefügter Ankerpunkt gelöscht werden, wählen Sie das *Ankerpunkt-löschen-Werkzeug* aus und klicken Sie auf den Punkt. Nur runde oder rautenförmige Punkte können gelöscht werden.

8. Geben Sie für *Ansichtsfeld* einen Wert zwischen 1 und 130 ein. Stattdessen können Sie auch den Schieberegler verwenden: Ziehen nach links vergrößert das Ansichtsfeld, Ziehen nach rechts verkleinert es.

9. Soll das Objekt verschoben werden, ziehen Sie es mit dem *Kamera-schwenken-Werkzeug*.

10. Soll das Objekt in eine bestimmte Richtung gedreht werden, ziehen Sie es mit dem *Trackball-Werkzeug*.

11. Um das transformierte Objekt zu vergrößern oder zu verkleinern, geben Sie im Feld *Dolly* einen Wert von 0 bis 99 ein. Stattdessen können Sie auch den Schieberegler verwenden.

Vermutlich wird es ein Weilchen dauern, bis Sie das Objekt so geformt haben, wie Sie es sich vorstellen. Der Umgang mit der Transformierungs-Funktion erfordert ein bisschen Übung und Experimentieren! Achten Sie in dem Dialog auch auf die Schaltfläche *Optionen*. Diese öffnet einen Dialog mit der Option *Hintergrund anzeigen*. Wenn Sie ein Objekt umwandeln, sollte diese Option im Regelfall deaktiviert sein, da Sie ansonsten im Hintergrund weiterhin die nicht-transformierte Ursprungsform sehen.

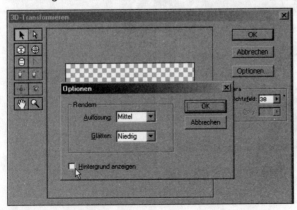

Den Hintergrund deaktivieren

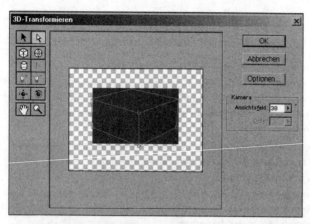

Das aufgezogene Drahtmodell

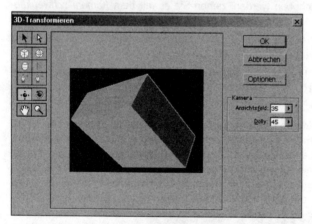

Das Modell mit dem Trackball verschoben und mit Dolly etwas vergrößert

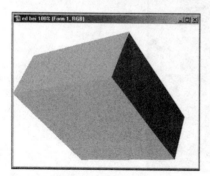

Das Resultat auf dem Blatt

Formen verschieben, neigen etc.

Der Clou bei den Vektor-Formen besteht darin, dass Sie sie sehr differenziert drehen und natürlich auch verschieben, neigen und verzerren können.

Zum Neigen und Verzerren wählen Sie im Menü *Bild* den Eintrag *Form transformieren* und im Untermenü einen der Befehle. Dann ziehen Sie mit gedrückter Maustaste die Form an den Ziehpunkten in die gewünschte Richtung. Achten Sie darauf, dass die richtige Form-Ebene aktiviert ist.

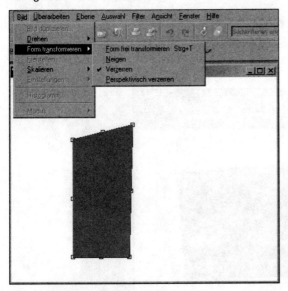

Formen transformieren

Zum Drehen aktivieren Sie *Bild > Drehen > Ebene frei drehen*. Sie können auch das *Form-Auswahl-Werkzeug* (im Flyout des Form-Werkzeugs) verwenden und auf die Form klicken.

Das Form-Auswahl-Werkzeug *wählen*

Sobald Sie mit aktivierten *Form-Auswahl-Werkzeug* auf die Form geklickt haben, erscheint ein Begrenzungsrahmen mit Zieh-, Eckpunkten und Drehpunkten. Sie können die Form an eine andere Stelle verschieben, indem Sie mit der Maus in die Form klicken und mit gedrückter Maustaste nach oben, unten, links oder rechts ziehen, die Größe verändern, indem Sie die Form an den Ziehpunkten greifen und ziehen (der Mauszeiger ist ein Doppelpfeil) oder drehen, indem Sie den Mauszeiger außerhalb der Form positionieren und ziehen, wenn Sie den gebogenen Doppelpfeil sehen. Bestätigen Sie Ihre Aktionen mit der ⏎-Taste.

Worum dreht's sich?

Die Drehaktion lässt sich sehr differenziert einstellen. Achten Sie einmal auf die Optionsleiste, sobald Sie beginnen zu drehen: Ein neues Symbol taucht auf und zwar *Lage des Referenzpunktes.*

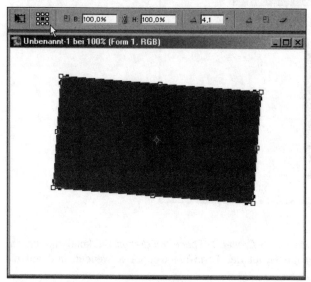

Das Symbol Lage des Referenzpunktes *in der Optionsleiste*

Mit diesem Symbol können Sie den Drehpunkt verändern. Die einzelnen kleinen Quadrate symbolisieren die möglichen Drehpunkte der Form. Durch Mausklick auf die Quadrate verändern Sie den Drehpunkt. Probieren Sie das am besten aus. Je nachdem, welches der kleinen Quadrate Sie markiert haben, dreht sich die Form um diesen Punkt.

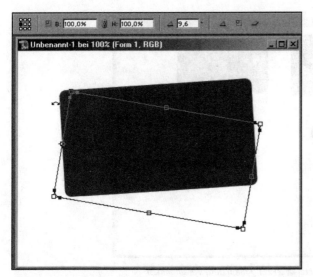

Bei dieser Aktion ist der Drehpunkt auf der linken Seite in der Mitte.

Farben für die Formen

Ein bisschen tückisch und irritierend ist die Verwendung der Farben, was mit dem Vektorformat der Formen zusammenhängt. Nutzen Sie die Formwerkzeuge am besten nur für das Zeichnen der Formen und bestimmen Sie anschließend die gewünschte Farbe nach der Vereinfachung der Form, also der Umwandlung in ein Raster.

Ist die Form umgewandelt, können Sie das *Füll-Werkzeug* benutzen oder beispielsweise den Pinsel (die *Werkzeugspitze*) und die Form damit bearbeiten.

> **Vorsicht**
>
> Einmal vereinfachte Formen können nicht mehr in das Vektorformat zurücktransformiert werden.

Angenommen, Sie möchten die Ellipse neu einfärben, funktioniert das so:

1. Aktivieren Sie die entsprechende Ebene in der *Ebenen-Palette*.
2. Klicken Sie – bei aktiviertem Formwerkzeug – auf die Schaltfläche *Vereinfachen* in der Optionsleiste. Damit wird die Ebene gerastert.
3. Wählen Sie nun über das Symbol *Vordergrundfarbe einstellen* oder die *Farbfelder-Palette* die gewünschte Farbe.
4. Aktivieren Sie das *Füll-Werkzeug* und klicken Sie auf die Ellipse.

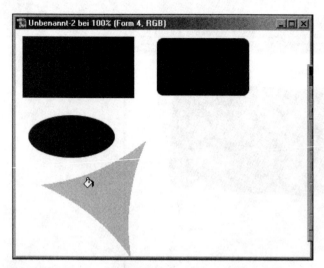

Neu einfärben mit dem Füll-Werkzeug nach dem Vereinfachen

Hinweis

Welche Form bereits vereinfacht wurde, können Sie gut daran erkennen, dass die Schaltfläche *Vereinfachen* in der Optionsleiste nicht mehr aktiv, also blass ist, wenn Sie die entsprechende Ebene aktivieren.

Hinweis

Wenn Sie zuvor mehrere Formen auf eine Ebene platziert haben, wirkt sich die Vereinfachung auf alle Elemente der Ebene aus, die sich dann alle entsprechend bearbeiten lassen.

Füllmethoden der Ebene

Wie Formen, die aufgezogen werden, optisch auf dem Bild auftauchen, hängt u.a. davon ab, welche Füllmethode Sie einstellen. Die Einstellungsmöglichkeiten sehen Sie, wenn Sie auf den Auswahlpfeil in der Ebenen-Palette klicken. Wie die Füllmethoden wirken, hängt außerdem noch davon ab, welche *Deckkraft* Sie bestimmen.

Die unterschiedlichen Füllmethoden

Die Füllmethode können Sie auch nachträglich variieren, d.h. nachdem Sie die Form gezeichnet haben. Öffnen Sie das Pop-up-Menü über den Pfeil in der Palette und klicken Sie auf den gewünschten Effekt.

Eine Form auf einem Bild mit der Füllmethode Strahlendes Licht

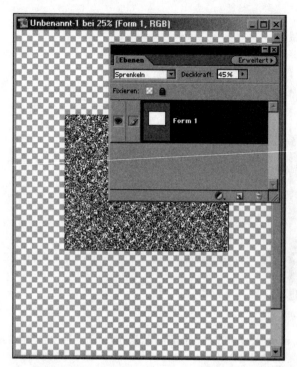

Ein aufgezogenes Rechteck mit dem Füllmodus Sprenkeln

Hinweis

Bei der Füllmethode *Sprenkeln* müssen Sie auch die Deckkraft verringern, ansonsten wirkt sich die Methode naturgemäß nicht aus.

11. Umgang mit Text

Fotos und Bilder lassen sich mit Photoshop Elements problemlos mit Text ergänzen. Sobald Sie das Textwerkzeug aktivieren, wird eine neue Ebene erzeugt, die den Text enthält. Der Text kann mit den mehr oder minder üblichen Formatierungsmöglichkeiten bearbeitet werden, und darüber hinaus, bietet Photoshop Elements weitere Effekte, die in der Form in einer Textverarbeitung nicht zur Verfügung stehen. So können Sie beispielsweise Text auch vertikal anordnen oder ihm durch Verkrümmungen den richtigen Schwung geben.

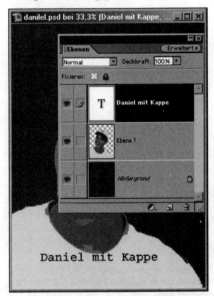

Die Textebene wird durch die Benutzung des Textwerkzeugs erzeugt.

Text hinzufügen

Um einem Bild Text hinzuzufügen, gehen Sie folgendermaßen vor:

1. Aktivieren Sie in der Werkzeugleiste das *Text-Werkzeug.*

2. Klicken Sie an der Stelle auf das Bild, an der der Text erscheinen soll.

3. Kümmern Sie sich in der Optionsleiste um die Schriftattribute, also beispielsweise um die Schrift, die Schriftgröße, den Schriftschnitt etc.

Die Optionsleiste zur Einstellung der Schriftattribute

4. Geben Sie den Text ein. Bedenken Sie dabei: Es erfolgt kein Umbruch in die
    nächste Zeile. Wenn Sie eine neue Textzeile beginnen möchten, müssen Sie die
    Eingabetaste drücken.

5. Falls der Text nicht an der richtigen Stelle erscheint, können Sie ihn mit dem *Ver-
    schiebe-Werkzeug* neu positionieren.

Text auf dem Bild

Hinweis

Achten Sie in der Optionsleiste des Textwerkzeugs auch auf das Symbol *Glätten*. Es
macht die Kanten glattkantiger, sollte also aktiviert sein.

Textformatierung

Wie auch bei jeder Textverarbeitung können Sie den Text nachträglich formatieren
und verändern.

Markieren Sie dazu den Text (oder Teile des Textes) – oder aktivieren Sie die entsprechende Textebene in der Ebenen-Palette – und stellen Sie dann die gewünschten Eigenschaften in der Optionsleiste ein. Die Farbe des Textes verändern Sie, indem Sie
doppelt auf das Farbkästchen in der Optionsleiste klicken. Dadurch öffnen Sie den
Dialog *Farbwähler*, in dem Sie sich eine Farbe aussuchen.

Etwas gewöhnungsbedürftig ist die Ausrichtung.

◆ *Linksbündig*: Der linke Rand wird an der ursprünglichen Cursorposition ausgerichtet.

◆ *Zentriert*: Die Mitte der Textreihen wird an der ursprünglichen Cursor-Position ausgerichtet.

◆ *Rechtsbündig*: Der rechte Rand wird an der ursprünglichen Cursorposition ausgerichtet.

Achten Sie beim Eingeben des Textes auf diese Wirkungsweise der Ausrichtung. Wenn Sie den Cursor zu weit links in das Bild setzen, rutscht der Text zentriert oder linksbündig formatiert aus dem Bild. Sie müssen ihn dann zunächst mit dem *Verschiebe-Werkzeug* verschieben.

Texte transformieren und neigen

Auf Text lassen sich die Transformieren-Befehle anwenden. Dies macht es möglich, eingegebenen Text frei zu vergrößern oder zu verkleinern. Aktivieren Sie die entsprechende Textebene.

1. Klicken Sie auf *Bild > Transformieren > Frei transformieren* bzw. *Neigen*. Der Text erhält einen Rahmen mit Ziehpunkten.

2. Ziehen Sie den Text mithilfe der Ziehpunkte und gedrückter linker Maustaste in die gewünschte Richtung.

3. Klicken Sie auf das Häkchen in der Optionsleiste, um die Veränderung zu bestätigen.

Textebenen lassen sich transformieren.

Hinweis

Die Befehle *Verzerren* und *Perspektivisch verzerren* im Menü *Bild* sind nicht aktiv, da es sich bei Textebenen um Vektortext handelt, der zunächst in eine Bitmap bzw. ein Rasterbild verwandelt werden müsste, um diese Befehle anwenden zu können. Die Vereinfachung muss auch stattfinden, wenn Sie Filter für den Text benutzen oder auf dem Text malen möchten. Zum Vereinfachen, also dem Umwandeln in eine Bitmap-Grafik, wählen Sie im Menü *Ebene* den Befehl *Ebene vereinfachen*. Der Text lässt sich dann aber nicht mehr mit den üblichen Textbearbeitungsmöglichkeiten bearbeiten.

Vertikaler Text auf dem Bild

Sie können in Photoshop Elements Text auch vertikal auf einem Bild erscheinen lassen. Dazu aktivieren Sie das entsprechende Werkzeug. Sie finden es im Flyout des *Text-Werkzeugs*.

Vertikalen Text eingeben

Aktivieren Sie das Werkzeug und klicken Sie dann auf das Bild. Der Text, den Sie eingeben, erscheint automatisch vertikal. Bedenken Sie, dass sich vertikaler Text bei Veränderung der Ausrichtung anders verhält als horizontaler Text. Die Ausrichtung erfolgt vertikal zur ursprünglichen Cursorposition.

In der Optionsleiste wird der Befehl *Textausrichtung ändern* angeboten. Aus vertikalem Text wird so im Nu horizontaler Text (und umgekehrt).

Verkrümmungen

Einen schönen Effekt erzeugen Sie mit Texten, die etwas gebogen bzw. geschwungen aussehen. Hierfür bietet Photoshop Elements diverse Varianten der Verkrümmung. Sie können Text im Nachherein Schwung verleihen.

1. Markieren Sie den Text oder aktivieren Sie die Textebene des Textes, den Sie bearbeiten möchten.

2. Wählen Sie (bei aktiviertem Text-Werkzeug) die Schaltfläche *Verkrümmten Text erstellen* in der Optionsleiste.

3. Klicken Sie auf den Auswahlpfeil am Feld *Stil*, um die Auswahl zu öffnen

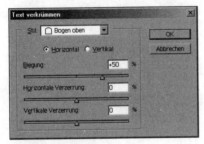

Den Text verbiegen

Klicken Sie in der Auswahlliste eines der Muster an und verändern Sie nach Wunsch die vorgegebene Verkrümmung mithilfe der Schieberegler.

Der Text wurde verkrümmt.

Hinweis

Sie können Text auswählen, indem Sie die entsprechende Ebene in der Palette aktivieren und dabei die (Strg)-Taste drücken.

> **Hinweis**
>
> Text muss für diverse Aktionen vereinfacht, d.h. von einer Vektorgrafik in ein Bitmap bzw. Rasterbild verwandelt werden.

Texte mit Schatten versehen

Mitunter passt es gut, einem Text einen Schatten zu hinterlegen. Dies können Sie mithilfe der Ebenenstile erreichen. Öffnen Sie gegebenenfalls die Palette über *Fenster > Ebenenstile*). Schreiben Sie dann den Text und markieren Sie die entsprechende Ebene.

Klicken Sie in der Palette *Ebenenstile* auf den Auswahlpfeil (*Aus Stilbibliotheken auswählen*) und wählen Sie *Schlagschatten*.

Schlagschatten als Ebenenstil einstellen

Wählen Sie aus der Palette per Mausklick die Art des Schlagschattens.

Text mit hinterlegtem Schlagschatten

12. Auf ins Netz

Heutzutage kann man nicht über Bildbearbeitung sprechen ohne zu bedenken, dass die Bilder für den Einsatz im Internet bzw. World Wide Web gedacht sind oder zumindest tendenziell auch ins Netz gestellt werden können/sollen.

Photoshop Elements bietet – wie die meisten anderen Bildbearbeitungsprogramme – die Möglichkeit, Bilder so zu speichern und zu optimieren, dass sie für das Internet taugen.

Bilder optimieren

Bei Bildern, die für das WWW gedacht sind oder den Einsatz in einem Internetdienst wie der E-Mail, geht es – abgesehen von der Qualität der Wiedergabe – in erster Linie darum, ihre Dateigröße möglichst gering zu halten, es geht also um Komprimierung.

Dabei ist jeweils eine Art Balance zu finden: Im Allgemeinen sollte die Dateigröße eines Bildes klein genug sein, um annehmbare Ladezeiten von einem Webserver zu ermöglichen, jedoch groß genug, um die gewünschten Farben und Details im Bild wiederzugeben.

Im Web werden hauptsächlich die drei Grafikdateiformate GIF, JPEG und PNG eingesetzt (sehen Sie dazu auch das *Kapitel 2: Grundlagen der Bilderwelt* und den nächsten Abschnitt). Sie können Bilder in diesen Formaten mit einer der folgenden Methoden für das Internet optimieren:

◆ Mit dem Befehl *Web-Fotogalerie* können Sie in einem automatisierten Vorgang eine Website für Bilder erstellen. Photoshop Elements generiert Miniaturversionen als Vorschau für die Bilder, Webseiten für jedes Bild sowie Hyperlinks zwischen den Seiten.

◆ Wenn Sie ein Bild für den Einsatz in einem Programm zum Erstellen von Webseiten optimieren möchten, können Sie den Befehl *Für Web speichern* verwenden. Im gleichnamigen Dialogfeld sehen Sie Vorschauen des Bildes in unterschiedlichen Dateiformaten und mit unterschiedlichen Optimierungen. Sie können außerdem Transparenz- und Animationseinstellungen festlegen.

◆ Eine elementare Optimierung erreichen Sie mit dem Befehl *Speichern unter*. Je nach Dateiformat können Sie Bildqualität, Hintergrund, Transparenz, Farbanzeige und Lademethode festlegen.

Dateiformate für das Web

Welches Dateiformat für das WWW das beste ist, hängt von den Farb-, Ton- und Grafikmerkmalen des Originalbildes ab. Wichtig ist, dass Sie ein Format mit ausreichender Farbtiefe zum Anzeigen der Farben im Bild wählen. PNG-8- und GIF-Dateien unterstützen 8-Bit-Farbe, es können also bis zu 256 Farben angezeigt werden. JPEG- und PNG-24-Dateien dagegen unterstützen 24-Bit-Farbe, sodass bis zu 16 Millionen Farben angezeigt werden können. Je nach Format können Sie Bildqualität, Hintergrundtransparenz oder -farbe, Farbanzeige sowie die Art der Anzeige im Browser während des Downloads wählen.

In der Regel bietet es sich an, Halbtonbilder wie z.B. Fotos als JPEG-Dateien oder PNG-24-Dateien zu speichern bzw. zu komprimieren. PNG-24-Dateien sind allerdings oft erheblich größer als JPEG-Dateien desselben Bildes sind. Das PNG-24-Format wird daher nur für Halbtonbilder mit abgestufter Transparenz empfohlen Abbildungen mit großen Farbflächen und feinen Details können als GIF- oder PNG-8-Dateien komprimiert werden. Wenn Sie ein Bild animieren möchten, müssen Sie es als GIF-Datei speichern, da nur dieses Format Animation unterstützt.

Das Aussehen eines Bildes im Web hängt außerdem davon ab, welche Farben von der Computer-Plattform, vom Betriebssystem, Monitor und Browser angezeigt werden. Sehen Sie sich eine Vorschau Ihrer Bilder in verschiedenen Browsern auf verschiedenen Plattformen an, um zu prüfen, wie die Bilder im Web angezeigt werden.

Speichern in Web-Formaten

Unterschiedliche Dateiformate sind auf die Anforderungen unterschiedlicher Anwendungen zugeschnitten. Welches Dateiformat Sie wählen sollten, hängt vom Inhalt des Bildes und der geplanten Verwendung ab. Wenn Sie ein Bild speichern, das für die Veröffentlichung im Web eingesetzt werden soll, empfiehlt sich – wie zuvor beschrieben – das JPEG-, GIF- oder PNG-Format.

Speichern unter

Wenn Sie keine sehr differenzierten Einstellungen vornehmen möchten, können Sie das gewünschte Format einfach beim Speichern einstellen.

1. Rufen Sie den Befehl *Datei > Speichern unter* auf.
2. Öffnen Sie im Dialog *Speichern unter* die Auswahlliste des Feldes *Format* und wählen Sie *JEPG, CompuServeGIF* oder *PNG*.

Ein Bild in einem anderen Format speichern

Für das Web speichern

Im Dialogfeld *Für Web speichern* wählen Sie Dateiformate für das Web, legen Komprimierungs- und Farboptionen fest und sehen das optimierte Bild als Vorschau und können sich das Bild sogar direkt im Browser anzeigen lassen. Darüber hinaus können Sie Hintergrundtransparenz oder -farbe einstellen und die Bildgröße ändern. Um den Dialog zu verwenden, wählen Sie *Datei > Für Web speichern* oder klicken in der Symbolleiste auf das entsprechende Symbol. Dies öffnet den gleichnamigen Dialog.

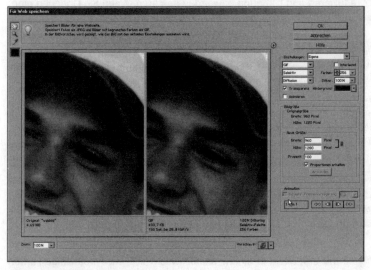

Bilder für das Web speichern

Im Bereich *Einstellungen* auf der rechten Seite des Dialogs legen Sie das Datei-Format und das Optimierungsformat fest.

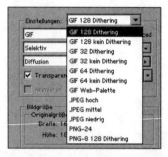

Dateiformat und Optimierungseinstellungen

Vordefinierte Einstellungen

Das Feld *Benannte Optimierungseinstellungen* bietet vordefinierte Einstellungsmöglichkeiten. Mit einer vordefinierten Optimierungseinstellung können Sie Bilder schnell und einfach für das Web optimieren. Vordefinierte Einstellungen sind auf die Optimierungsanforderungen der unterschiedlichen Bildformate abgestimmt.

Die Namen der vordefinierten Einstellungen weisen auf Dateiformat und Qualitätsstufe hin: Wählen Sie beispielsweise *JPEG hoch*, wenn Sie ein Bild im JPEG-Dateiformat mit hoher Qualität und geringer Komprimierung optimieren möchten. Wählen Sie *GIF 32 Dithering*, wenn Sie ein Bild im GIF-Dateiformat optimieren, die Farben auf 32 reduzieren und Dithering anwenden möchten. Wenn Sie Optionen einer vordefinierten Einstellung ändern, wird die Option *Eigene* angezeigt.

Dithering

Die meisten Web-Bilder werden mit einer 24-Bit-Farbtiefe (mehr als 16 Millionen Farben) erstellt. Dies wird zum Problem, wenn Web-Benutzer Webseiten auf Computern mit 8-Bit-Farbanzeige (256 Farben) anzeigen. Die Web-Bilder enthalten dann häufig Farben, die auf den Computern nicht zur Verfügung stehen. Mit der Dithering-Technik werden Farben simuliert, die eigentlich nicht vorhanden sind, und zwar indem mit benachbarten Pixeln unterschiedlicher Farben das Erscheinungsbild einer dritten Farbe erzeugt wird. Beim Optimieren von Farben können zwei Arten von Dithering auftreten:

Anwendungs-Dithering tritt in GIF- und PNG-8-Bildern auf, wenn Photoshop Elements versucht, Farben zu simulieren, die nicht in der Farbtabelle enthalten sind. Sie können das *Anwendungs-Dithering* steuern, indem Sie ein Dithering-Muster wählen, oder versuchen, *Anwendungs-Dithering* zu vermeiden, indem Sie der Tabelle weitere Farben hinzufügen.

Browser-Dithering tritt auf, wenn in einem Webbrowser mit 8-Bit-Farbanzeige Farben simuliert werden sollen, die nicht in der 8-Bit-Farbpalette enthalten sind. *Browser-*

Dithering kann bei GIF-, PNG- und JPEG-Bildern vorkommen. In Photoshop Elements können Sie die Stärke des *Browser-Dithering* bestimmen, indem Sie ausgewählte Farben im Bild in websichere Farben verschieben. Bei der Festlegung einer Farbe im Farbwähler können Sie websichere Farben angeben (sehen Sie dazu den Abschnitt *Websichere Farben* in diesem Kapitel).

Vorschau und Ladezeit

Achten Sie auf die Vorschau. Unterhalb des Originals und des Ergebnisses werden im Anmerkungsbereich Informationen zum aktuell eingestellten Dateiformat und den Optimierungen angezeigt. Besonders wichtig: Sie erfahren hier, wie groß die Datei mit den jeweils gewählten Einstellungen ist. Um die Ladezeit einschätzen zu können, klicken Sie auf das Dreieck oben rechts neben dem optimierten Bild; damit öffnen Sie das Auswahl-Menü. Wählen Sie eine Internetzugangsgeschwindigkeit, beispielsweise für Modem-, ISDN-, Kabel- oder DSL-Zugang. Wenn Sie die Zugangsgeschwindigkeit ändern, wird die voraussichtliche Ladezeit im Anmerkungsbereich unter dem Bild aktualisiert. Falls die Ladezeit zu lang erscheint, probieren Sie andere Optimierungseinstellungen aus oder ändern Sie die Bildgröße.

Informationen zu den Einstellungen

Unten rechts im Dialog finden Sie das Symbol *Vorschau in*. Mit einem Mausklick auf dieses Symbol wird eine Vorschau des Bildes im Browser angezeigt. In der Auswahlliste des Symbols wählen Sie einen Browser. Sodann wird der Browser mit der Datei geöffnet.

Die Vorschau im Browser

Das JPEG-Format

Das JPEG-Format eignet sich insbesondere für Fotos. Es unterstützt 24-Bit-Farbe; die feinen Nuancen für Helligkeit und Farbton bei Fotos und anderen Halbtonbildern bleiben daher erhalten. JPEG wird von den meisten Browsern unterstützt.

Ein Foto im JPEG-Format im Browser

Die Dateigröße wird bei JPEG durch das selektive Löschen von Daten komprimiert. Die JPEG-Komprimierung wird daher auch als Lossy-Komprimierung (verlustreiche Komprimierung) bezeichnet. Durch eine höhere Qualitätseinstellung werden weniger Daten gelöscht; jedoch kann es bei der JPEG-Komprimierung dennoch zum Detailverlust kommen, vor allem in Bildern mit Text oder in Vektorgrafiken.

Transparenz und Animationen werden im JPEG-Format allerdings nicht unterstützt. Wenn Sie ein Bild als JPEG speichern, werden transparente Pixel mit der im Dialogfeld *Für Web speichern* gewählten Hintergrundfarbe gefüllt. Hier kann man einen Trick anwenden: Man passt die Hintergrundfarbe an die Webseite an, um Transparenz zu simulieren.

Wenn das Bild Transparenz enthält und Sie die Hintergrundfarbe der Webseite nicht kennen oder der Hintergrund ein Muster enthält, sollten Sie ein Format verwenden, das Transparenz unterstützt, z.B. GIF oder PNG-8 bzw. PNG-24.

Speichern im JPEG-Format

1. Wählen Sie *Datei* > *Speichern unter* und markieren Sie *JPEG* in der Auswahlliste des Feldes *Format*.

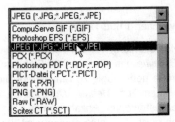

Speichern als JEPG-Datei

Indizierte Farbbilder und Bitmap-Bilder können nicht im JPEG-Format gespeichert werden.

2. Klicken Sie auf *Speichern*. Das Dialogfeld *JPEG-Optionen* wird angezeigt.

3. Wenn das Bild Transparenz enthält, wählen Sie eine Hintergrundfarbe aus, um Hintergrundtransparenz zu simulieren. Öffnen Sie dazu die Auswahlliste des Feldes *Hintergrund*. Mit der Option *Eigener* erscheint der Dialog *Farbwähler*.

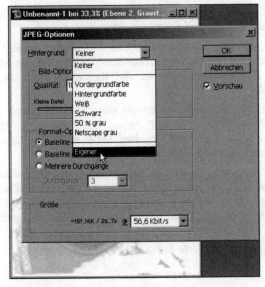

Einen Hintergrund für das JEPG-Bild wählen

4. Führen Sie dann einen der folgenden Schritte aus, um die Bildqualität festzulegen:

   Wählen Sie eine Option im Feld *Qualität.*

   Ziehen Sie den Schieberegler *Qualität.*

   Geben Sie im Textfeld *Qualität* einen Wert zwischen 1 und 12 ein.

5. Wählen Sie eine Formatoption aus: *Baseline (Standard)* für ein Format, das von den meisten Webbrowsern erkannt wird. *Baseline optimiert*, um die Farbqualität eines Bildes zu optimieren und die Dateigröße geringfügig zu reduzieren. Diese Option wird nicht von allen Webbrowsern unterstützt. *Mehrere Durchgänge*, um ein Bild zu erstellen, das allmählich in einer festgelegten Anzahl von Durchgängen mit immer mehr Details auf einen Webbrowser heruntergeladen wird. JPEG-Bilder mit mehreren Durchgängen sind etwas größer und werden nicht von allen Anwendungen und Webbrowsern unterstützt.

> **Hinweis**
>
> Wenn Sie die geschätzte Ladezeit wissen möchten, wählen Sie eine Modemgeschwindigkeit in der Auswahlliste des Feldes *Größe*. Die Größenvorschau ist nur verfügbar, wenn die Option *Vorschau* aktiviert ist.

JPEG optimieren – Für Web speichern

1. Öffnen Sie über *Datei > Für Web speichern* den gleichnamigen Dialog. Wählen Sie im Bereich *Einstellungen* als Optimierungsformat *JPEG*.

2. Aktivieren Sie die Option *Optimiert*, um eine verbesserte JPEG-Datei mit einer etwas kleineren Dateigröße zu erstellen. Mit dem optimierten JPEG-Format erreichen Sie eine maximale Dateikomprimierung, es wird aber von einigen älteren Browsern nicht unterstützt.

3. Legen Sie nun die Komprimierungsstufe fest, dazu können Sie eine Option aus dem Pop-up-Menü *Qualität* wählen, den Qualitätsregler ziehen oder in das Textfeld *Qualität* einen Wert zwischen 0 und 100 eingeben. Je höher die Qualitätseinstellung, desto mehr Details bleiben im optimierten Bild erhalten.

4. Aktivieren Sie *Mehrere Durchgänge*, um ein Bild zu erstellen, das nach und nach im Webbrowser geladen wird. Die Bilder werden zunächst mit geringer Auflösung dargestellt, im Verlauf des Ladens wird die Auflösung höher. Wenn Sie die Option *Optimiert* aktivieren, ist die Möglichkeit, ein Bild mit *Mehreren Durchgängen* zu erstellen, nicht verfügbar.

5. Aktivieren Sie *ICC-Profil*, um das ICC-Profil des Originalbildes beizubehalten.

6. Wenn das Originalbild Transparenz enthält, wählen Sie eine Hintergrundfarbe aus, die mit dem Hintergrund der Webseite übereinstimmt. (Sehen Sie dazu den nächsten Abschnitt.)

7. Wenn Sie das optimierte Bild speichern möchten, klicken Sie zu guter Letzt auf *OK*. Geben Sie im Dialogfeld *Optimierte Version speichern unter* einen Dateinamen ein und klicken Sie auf *Speichern* (Windows) bzw. *Sichern* (Mac OS).

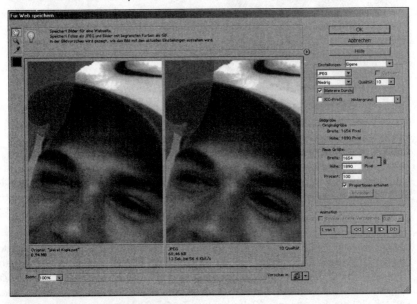

Eine Datei im JEPG-Format speichern

Hintergrundfarbe für JPEG-Bilder

Transparenz wird im JPEG-Format zwar nicht unterstützt, Sie können jedoch mit einem kleinen Trick eine Hintergrundfarbe festlegen, um so die Transparenz im Originalbild zu simulieren. Vollständig transparente Pixel werden mit der Hintergrundfarbe gefüllt, teilweise transparente Pixel werden angepasst. Wenn die JPEG-Datei auf einer Webseite verwendet wird, deren Hintergrund der Hintergrundfarbe entspricht, wirkt das so, als ob das Bild in den Hintergrund der Webseite übergeht.

Gehen Sie folgendermaßen vor:

1. Erstellen Sie ein Bild mit Transparenz (*Datei > Neu*) und wählen Sie zum Speichern *Datei > Für Web speichern*.

2. Wählen Sie im Dialogfeld *Für Web speichern* im Bereich *Einstellungen* als Optimierungsformat *JPEG*.

3. Öffnen Sie die Auswahl des Feldes *Hintergrund*. Sie haben mehrere Optionen: *Ohne* (Weiß wird als Hintergrundfarbe verwendet), *Pipettenfarbe* (damit wird die Farbe verwendet, die Sie mit der *Pipette*, die Sie links im Dialog finden, aufnehmen), *Weiß, Schwarz* oder *Andere* (dies öffnet den Dialog *Farbwähler*, in dem Sie eine Farbe festlegen).

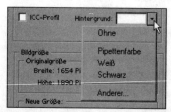

Einen Hintergrund festlegen

Das GIF-Format

GIF ist das Standardformat für das Komprimieren von Bildern mit großen Farbflächen und deutlichen, scharfen Details wie Strichgrafiken, Logos oder Text. Das GIF-Format unterstützt Transparenzen, kann von jedem Browser angezeigt werden und bietet sogar die Möglichkeit Animation zu speichern.

Bei den Formaten GIF und PNG-8 können bis zu 256 Farben zur Anzeige eines Bildes verwendet werden. Das Bestimmen der eingesetzten Farben wird Indizieren genannt; GIF- und PNG-8-Bilder werden daher auch als indizierte Farbbilder bezeichnet. Zum Konvertieren von Bildern in indizierte Farbbilder erstellt Photoshop Elements eine Farbtabelle, die so genannte "Color Lookup Table" (CLUT), in der die Bildfarben gespeichert werden. Ist eine Originalfarbe nicht in der Tabelle enthalten, wird die ähnlichste Farbe gewählt oder die fehlende Farbe aus einer Kombination verfügbarer Farben simuliert.

Speichern im GIF-Format

Sie können den Dialog *Speichern unter* aufrufen und die Datei im GIF-Format speichern. Dazu wählen Sie in der Auswahlliste des Feldes *Format* das Format *CompuServeGIF*. Nachdem Sie auf *Speichern* geklickt haben, erhalten Sie den Dialog *Indizierte Farben*.

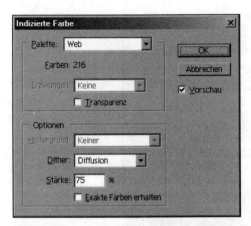

Einstellungen für das GIF-Format im Dialog Indizierte Farben

Wie Sie sehen, können Sie hier eine Palette auswählen (sehen Sie dazu den Abschnitt *GIF optimieren – für Web speichern*) und den Dithering-Modus bestimmen.

Anders als im Dialog *Für Web speichern*, der weiter unten beschrieben wird, gibt es in der Auswahlliste des Feldes *Palette* noch die Option *Gleichmäßig*. Damit wird eine Palette durch gleichmäßige Farbaufnahme aus dem RGB-Farbwürfel erstellt. Die Kombination aus sechs gleichmäßig verteilten Farbstufen mit Rot, Grün und Blau ergibt in Photoshop Elements z.B. eine gleichmäßige Palette mit 216 Farben (6 hoch drei). Die Gesamtzahl der angezeigten Farben in einem Bild entspricht der nächsten perfekten Kubikzahl (8, 27, 64, 125 oder 216), die kleiner als der Wert im Feld *Farben* ist.

Dithering in indizierten Farbbildern

Wenn Sie nicht die Tabellenoption *Exakt* verwenden, enthält die Tabelle möglicherweise nicht alle Farben, die im Bild vorkommen. Zum Simulieren von Farben, können Sie die Farben "dithern". Auf diese Art und Weise werden die Pixel der verfügbaren Farben genutzt, um fehlende Farben zu mischen.

Bei Bildern, die überwiegend aus farbigen Flächen bestehen, ist in der Regel kein Dithering erforderlich. Bei Halbtonbildern und montierten Bildern mit diversen Elementen kann dagegen Dithering erforderlich und vorteilhaft sein, um Farbstreifen zu verhindern. Die Abbildung zeigt das Bild im GIF-Format ohne Dithering. So würden Streifen auftauchen.

Das Bild ohne Dithering

Dither-Optionen

Im Feld *Dither* wählen Sie eine Dithering-Option und geben einen Wert für die Dither-Stärke ein. Bei einem höheren Wert werden mehr Farben gemischt aber gleichzeitig auch die Dateigröße erhöht. Die folgenden Dither-Optionen stehen zur Auswahl:

Ohne: Es werden keine Farben gemischt, sondern fehlende Farben durch die ähnlichsten Farben ersetzt. Dadurch entstehen in der Regel scharfe Übergänge zwischen den Farbschattierungen.

Diffusion: Verwendet eine Zufalsverteilung. Markieren Sie die Option *Exakte Farben erhalten*, damit die Farben, die in der Farbtabelle enthalten sind, nicht gemischt werden. Auf diese Weise können Sie feine Linien und Text in Webbildern erhalten.

Muster: Simuliert Farben, die nicht in der Tabelle enthalten sind, mit einem rasterähnlichen Muster.

Störungsfilter: Mit *Störungsfilter* wird – ähnlich wie beim Diffusion-Dithering – ein Zufallsmuster angewendet, jedoch ohne das Muster über benachbarte Pixel zu streuen. Anders als beim Diffusion-Dithering entstehen bei der Störungsfilter-Methode keine harten Übergänge.

GIF optimieren – Für Web speichern

Um ein Bild im GIF-Format zu speichern, können Sie – wie schon im Zusammenhang mit dem JPEG-Format beschrieben –, den Dialog *Für Web speichern* verwenden. Naturgemäß gibt es dabei ein paar andere Optionen und Einstellungsmöglichkeiten.

1. Öffnen Sie über *Datei > Für Web speichern* den gleichnamigen Dialog.

2. Wählen Sie als *Optimierungsform* das Format *GIF*.

3. Aktivieren Sie *Interlaced*, um ein Bild zu erstellen, das während des Ladens im Browser in niedriger Auflösung angezeigt wird. Bei dieser Methode erscheint die Ladezeit kürzer und die Besucher der Website bemerken, dass ein Ladevorgang stattfindet.

4. Wählen Sie im Feld unter dem *Optimierungsformat* einen *Farbreduzierungsalgorithmus* zum Erstellen der Farbtabelle:

   Perzeptiv erstellt eine eigene Farbtabelle, wobei Farben, auf die das menschliche Auge sensibel reagiert, den Vorrang haben.

   Selektiv erstellt eine der perzeptiven Farbtabelle ähnliche Farbtabelle, wobei jedoch breite Farbbereiche und die Erhaltung von Webfarben vorrangig sind. Aus dieser Farbtabelle werden normalerweise Bilder mit der höchsten Farbintegrität erzeugt.

   Adaptiv erstellt eine eigene Farbtabelle, indem aus dem Spektrum die im Bild am häufigsten vorkommenden Farben aufgenommen werden.

   Web verwendet die standardmäßige Tabelle mit 216 websicheren Farben, die den 8-Bit-Paletten (256 Farben) von Windows und Mac OS gemeinsam ist. Durch diese Option wird sichergestellt, dass beim Anzeigen des Bildes mit 8-Bit-Farbtiefe kein Browser-Dithering auf Farben angewendet wird. Enthält das Bild weniger als 216 Farben, werden nicht verwendete Farben aus der Tabelle entfernt.

   Eigene erhält die aktuelle Farbtabelle als feste Palette, die bei Bildänderungen nicht aktualisiert wird.

5. Wählen Sie zum Einstellen der maximalen Anzahl von Farben eine Zahl aus dem Pop-up-Menü *Farben* der Farbpalette, geben Sie einen Wert in das Textfeld ein oder ändern Sie die Zahl der Farben mit den Pfeilen. Enthält das Bild weniger Farben als die Palette, so spiegelt die Farbtabelle nur die kleinere Anzahl der Farben im Bild wider. Wählen Sie *Web* oder *Eigene* als Palette, erscheint standardmäßig der Wert *Auto*.

> **Hinweis**
>
> Sofern Sie als *Farbreduzierungsalgorithmus* die Option *Web* oder *Eigene* festlegen, können Sie aus dem Menü *Farben* die Option *Auto* wählen. Entscheiden Sie sich für *Auto*, wenn die optimale Anzahl der Farben in der Farbtabelle entsprechend der Farbhäufigkeit im Bild bestimmt werden soll.

6. Wählen Sie eine Option für den *Dither-Algorithmus*. Wenn Sie *Diffusion* wählen, geben Sie bei *Dither* einen Prozentsatz an (sehen Sie dazu den Abschnitt *Dithering in indizierten Farbbildern* weiter oben).

7. Wenn das Bild Transparenz enthält, aktivieren Sie *Transparenz*. Damit erhalten Sie transparente Pixel. Deaktivieren Sie die Option, wenn vollständig und teilweise transparente Pixel mit der Hintergrundfarbe gefüllt werden sollen.

8. Wenn Sie das optimierte Bild speichern möchten, klicken Sie auf *OK*. Geben Sie im dann erscheinenden Dialogfeld *Optimierte Version speichern unter* einen Dateinamen ein und klicken Sie auf *Speichern* (Windows) bzw. *Sichern* (Mac OS).

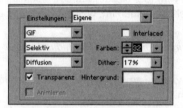

Einstellungen für das GIF-Format im Dialog Für Web speichern

Websichere Farben

Wenn Sie ein Bild für das WWW vorbereiten, ist es empfehlenswert dafür zu sorgen, dass die Farben im Browser so angezeigt werden, wie sie gedacht sind. Keine bösen Überraschungen erleben Sie, wenn zu diesem Zweck die so genannten websicheren Farben verwendet werden. Dies sind die 216 Farben, die sowohl von Windows- als auch von Mac OS-Browsern korrekt angezeigt werden.

Um ausschließlich diese Farben einzusetzen, klicken Sie bei der Wahl einer Farbe in der linken unteren Ecke des Dialogs *Farbwähler* auf die Option *Nur Webfarben anzeigen*. Wenn Sie nun eine Farbe auswählen, gehen Sie auf Nummer Sicher hinsichtlich der Anzeige des Bildes in einem Browser.

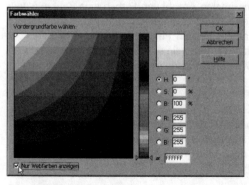

Für websichere Farben sorgen

Wenn Sie eine Farbe auswählen, die nicht websicher ist, wird neben dem Farbrechteck in der oberen rechten Ecke des Farbwählers ein Warnwürfel angezeigt. Durch Klicken auf diesen Würfel wird die der von Ihnen ausgewählten Farbe ähnlichste websichere Farbe ausgewählt. (Wenn kein Warnwürfel angezeigt wird, ist die ausgewählte Farbe websicher.)

Eine Fotogalerie für das WWW

Ein nettes Angebot von Photoshop Elements ist die Möglichkeit, eine Fotogalerie zu erstellen. Damit erzeugt man eine Website, die Miniaturbilder enthält sowie Galerieseiten mit Bildern in voller Größe. Jede Seite hat Hyperlinks zum Navigieren durch die Website. Wenn ein Besucher z.B. auf der Homepage auf ein Miniaturbild klickt, wird eine Seite mit dem zugehörigen Bild in voller Größe geladen. Photoshop Elements bietet vielfältige Galeriestile, die Sie über den Befehl *Web-Fotogalerie erstellen* auswählen können. Nachdem Sie eine Fotogalerie in Photoshop Elements erstellt haben, können Sie die Webseiten in einem beliebigen Programm zum Erstellen von Webseiten weiter bearbeiten und anpassen. Der Vorgang, eine solche Galerie zu erstellen, ist tatsächlich sehr einfach. Als Vorbereitung sollten Sie, bevor Sie den Befehl aufrufen, alle Bilder, die in die Galerie aufgenommen werden sollen, in einen separaten Ordner legen. Dann können Sie loslegen.

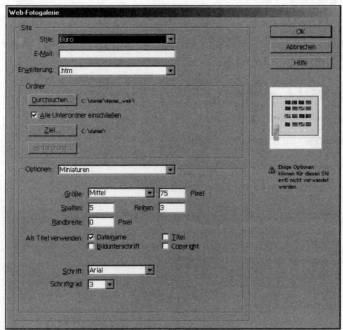

Der Dialog Web-Fotogalerie

1. Wählen Sie *Datei* > *Web-Fotogalerie erstellen*.

2. Entscheiden Sie sich in der Auswahlliste des Feldes *Stile* für einen Galeriestil. Rechts im Dialogfeld wird eine Vorschau der Homepage im gewählten Stil angezeigt.

3. Soll in der Galerie Ihre E-Mail-Adresse angezeigt werden, tragen Sie die Adresse in das Textfeld ein.

4. Klicken Sie im Bereich *Ordner* auf *Durchsuchen*. Wählen Sie dann den Ordner mit den Bildern aus, die in der Galerie angezeigt werden sollen und klicken Sie auf *OK*. Aktivieren Sie *Alle Unterordner einschließen*, um Bilder aus allen Unterordnern des ausgewählten Ordners einzubeziehen.

5. Klicken Sie auf *Ziel*. Wählen Sie einen Ordner für die optimierten Bilder und HTML-Seiten der Galerie und klicken Sie auf *OK*.

6. Wenn Sie im Pop-up-Menü *Stile* die Option *Tabelle* einstellen, können Sie auf *Hintergrund* klicken, um ein JPEG-Bild für den Tabellenhintergrund zu wählen.

7. In der Auswahlliste des Feldes *Optionen* können Sie zwischen diversen Optionen für die Anzeige wählen. Je nach Auswahl bietet der untere Bereich unterschiedliche Einstellungsmöglichkeiten (die Felder sind mehr oder minder eindeutig und werden deshalb hier nicht näher erklärt).

8. Klicken Sie zu guter Letzt auf *OK*.

Hinweis

Automatisch werden die folgenden HTML- und JPEG-Dateien von Photoshop Elements im Zielordner abgelegt:

Eine Homepage für die Galerie mit dem Namen "index.htm". Wenn Sie diese Datei in einem beliebigen Webbrowser öffnen, sehen Sie eine Vorschau der Galerie.

♦ JPEG-Bilder in einem Bild-Unterordner.

♦ HTML-Seiten in einem Seiten-Unterordner.

♦ JPEG-Miniaturbilder in einem Miniatur-Unterordner.

♦ Zusätzliche Web-Dateien für manche Galeriestile.

Nachdem Sie auf *OK* geklickt haben, wird die Galerie erstellt. Haben Sie etwas Geduld, der Vorgang dauert ein Weilchen. Die einzelnen Bilder, die in die Galerie aufgenommen werden, werden nacheinander kurz am Bildschirm angezeigt. Zum Schluss wird die Galerie automatisch im Browser präsentiert.

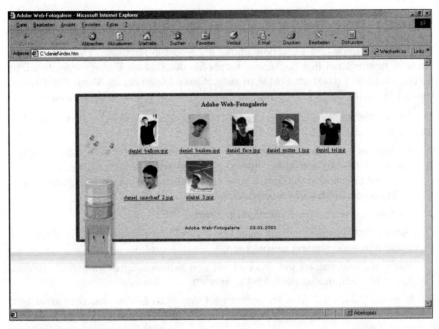

Die Galerie im Browser

Wie im Hinweis-Kasten erwähnt, finden Sie in dem festgelegten Ordner für die Galerie die Datei index.htm. Wenn Sie diese Datei im Browser, z.B. im Internet Explorer, öffnen, wird Ihnen die Fotogalerie wieder angezeigt. (Klicken Sie im Browser auf *Datei > Öffnen > Durchsuchen* und achten Sie darauf, dass Sie im Feld *Dateityp* den Eintrag *HTML-Dateien* oder *Alle Dateien* eingestellt haben.) Außerdem finden Sie im Zielordner nun die Ordner *images*, *pages* und *thumbnails*. Der Ordner *thumbnails* enthält die kleinen JPG-Dateien der Galerie.

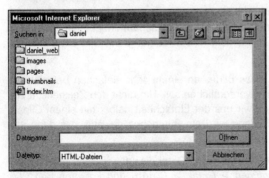

Die Datei index.htm öffnen

Bilder per E-Mail verschicken

Sie können Freunde und Verwandte im Nu mit einem in Photoshop Elements erstellten bzw. bearbeiteten Bild beglücken, indem Sie das Bild als E-Mail versenden. Den Befehl, eine Datei direkt als E-Mail zu verschicken, finden Sie im Menü *Datei.* Dabei werden Ihr vorhandener Internetzugang und Ihr E-Mail-Programm verwendet.

1. Öffnen Sie das Bild, das Sie per E-Mail versenden möchten, in Photoshop Elements.

2. Klicken Sie in der Symbolleiste auf *An E-Mail anhängen* oder wählen Sie im Menü *Datei > An E-Mail anhängen.* Unter Umständen erhalten Sie zunächst einen Hinweis, der Sie darüber informiert, dass die Datei zu groß ist und gleichzeitig fragt, ob Sie automatisch konvertieren möchten.

3. Klicken Sie auf eine der folgenden Optionen:

    Automatisch konvertieren, um eine Kopie des Originalbildes als JPEG-Datei mit mittlerer Komprimierung zu speichern.

    Wie vorliegend senden, um das Bild mit den aktuellen Einstellungen für Format, Größe und Farbmodus per E-Mail zu senden.

4. In Ihrem Standard-E-Mail-Programm wird eine neue E-Mail-Nachricht angezeigt, der das Bild angefügt ist. Geben Sie eine E-Mail-Adresse ein und senden Sie die Nachricht.

Ein GIF-Bild animieren

Eine beliebte Spielerei ist es, auf einer Webseite Bilder zu zeigen, die nicht statisch sind, sondern als Filmchen ablaufen. Dieser Vorgang wird als "Animieren" bezeichnet. Photoshop Elements bietet die Möglichkeit, Bilder, die im GIF-Format vorliegen, zu animieren.

Um eine Animation zu erstellen, müssen Sie zunächst die Bilder, die nacheinander die Animation ergeben, also wie ein Film ablaufen, auf separaten Ebenen anordnen. (Erinnern Sie sich an das alte „Daumenkino"? Der Vorgang, ein Bild zu animieren, folgt im Prinzip dieser Technik!)

Nachfolgend wird die Animation eines Bildes an einem sehr einfachen Beispiel demonstriert, das lediglich die Technik verdeutlichen soll. Um nicht den Zeichenstift zur Hand nehmen zu müssen, behelfen wir uns der Einfachheit halber mit einem Clipart aus der Clip-Galerie. Aus dieser Galerie wird ein Bäumchen gewählt, das dann allmählich "wächst".

Um ein Clipart in eine leere Photoshop Elements-Datei einzufügen, platzieren wir sie zunächst in eine Word-Datei (*Einfügen > Grafik > ClipArt*) und kopieren den Clip (*Bearbeiten > Kopieren*).

Den Clip in Word kopieren

Sodann gehen Sie zurück zu Photoshop Elements und fügen den kopierten Clip in eine neue Datei ein. Wählen Sie also *Bearbeiten > Einfügen.*

Den Clip in eine neue Datei einfügen

Um das Bäumchen mehrfach auf dem Blatt zu haben, fügen Sie es einfach mehrfach
ein. Die Clips liegen zunächst aufeinander. Aber in der Ebenen-Palette sehen Sie,
dass das Bild diverse Male eingefügt wurde und jeweils auf einer separaten Ebene
liegt.

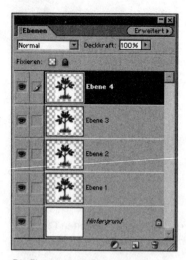

Die Ebenen in der Ebenen-Palette

Geben Sie den Ebenen jeweils einen anderen Namen, z.B. Baum1, Baum2 etc. Klicken Sie die Ebenen dazu mit der rechten Maustaste an und wählen Sie den Befehl *Ebene umbenennen*.

Nun verschieben Sie die Bäumchen, sodass Sie alle auf dem Blatt sehen. Verwenden Sie dazu das *Verschiebe-Werkzeug*. Passen Sie dann die Größe der Bäumchen an, dazu aktivieren Sie den Befehl *Bild > Skalieren > Skalierung* und ziehen mit gedrückter linker Maustaste an den Ziehpunkten in die gewünschte Richtung. Achten Sie darauf, dass Sie jeweils die richtige Ebene aktiviert haben. Da der Baum wachsen soll, verändern Sie die Größe so, dass Baum1 der kleinste ist und Baum4 der größte.

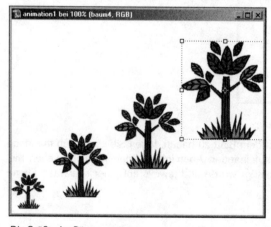

Die Größe der Bäume anpassen

Als Animation speichern

Rufen Sie, wenn Sie das Bild soweit erstellt haben, im Menü *Datei* den Dialog *Für Web speichern* auf.

1. Optimieren Sie das Bild im *GIF*-Format.
2. Aktivieren Sie das Kontrollkästchen *Animieren*.
3. Ändern Sie gegebenenfalls die Größe des Bildes in den entsprechenden Feldern.
4. Legen Sie im Bereich *Animation* weitere Optionen fest:

   Wenn Sie *Schleife* aktivieren, wird die Animation im Webbrowser laufend wiederholt.

   Im Feld *Frame-Verzögerung* bestimmen Sie die Sekunden, für die jeder Frame, also jedes einzelne Bild, im Webbrowser angezeigt wird. Sekundenbruchteile können Sie durch Dezimalwerte angeben, z.B. "0,25" für eine Viertelsekunde.
5. Klicken Sie nach allen Einstellungen auf *OK*. Sie erhalten dann den Dialog zum Speichern. Um die Animation zu betrachten, rufen Sie den Browser auf und öffnen die Datei (*Datei > Öffnen > Durchsuchen*).

Hinweis

Denken Sie daran, dass Sie Ihre Einstellungen testen können, indem Sie im Dialog *Für Web speichern* auf das Symbol *Vorschau in* klicken. Dies zeigt die Animation im gewählten Browser an.

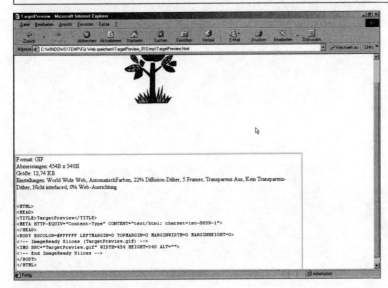

Die Animation als Vorschau im Browser

13. Ein Beispiel: Erstellen eines Plakates

Zu guter Letzt wird Schritt für Schritt demonstriert, wie das unten abgebildete Plakat erstellt wurde. Dabei kommen noch einmal eine Reihe von Funktionen und Werkzeugen zum Einsatz, die Sie in anderen Kapiteln bereits kennen gelernt haben.

Im Prinzip wird ein Bildelement in eine neue Datei eingefügt, deren Hintergrund dann mit unterschiedlichen Mitteln und Techniken gestaltet wird. Den Text erstellen Sie mithilfe des Textwerkzeugs.

Das fertige Plakat

Vorbereitungen

Da aus dem Foto nur der Kopf verwendet werden soll, muss er zunächst freigestellt werden. Das geht wegen des Kontrastes zwischen Hintergrund und dem Rest des Bildes recht einfach. Sie benutzen den *Zauberstab* und klicken einfach in den Hintergrund. An den gestrichelten Linien in der Abbildung sehen Sie den Verlauf der Auswahl. Da ja eigentlich der Kopf ausgewählt werden sollte, kehren Sie die Auswahl einfach um. Dazu wählen Sie im Menü *Auswahl* die Option *Auswahl umkehren*.

Das Bildelement ist freigestellt.

Dann wird der freigestellte Bereich kopiert, das geht über *Bearbeiten > Kopieren*.

Um nun das Bild isoliert bearbeiten und in das endgültige Bild einfügen zu können, wird mit der Kopie eine neue Datei angelegt. Das geht am einfachsten mit dem Befehl *Neu aus Zwischenablage* im Menü *Datei*. Daraufhin wird eine neue Datei mit dem Bildelement und Transparenz angezeigt.

Eine neue Datei mit transparentem Hintergrund

Eine neue Datei anlegen

Für das Plakat legen Sie eine neue Datei an. Im Dialog *Neue Datei* (*Datei > Neu*) entscheiden Sie sich im Bereich *Inhalt* für die Option *Weiß*, damit automatisch eine Hintergrundebene erstellt wird.

Der Farbverlauf

Die Fläche soll mit einem Farbverlauf gefüllt werden. Dazu legen Sie zunächst eine Vordergrund- und eine Hintergrundfarbe fest. Sie wählen als Hintergrundfarbe Weiß und als Vordergrundfarbe Blau, da Weiß und Blau ineinander übergehen sollen.

Nach der Aktivierung des *Verlaufs-Werkzeugs* wählen Sie in der Optionsleiste in der Auswahlliste der Verläufe die Option *Vordergrund-Hintergrund*. Dann ziehen Sie den Verlauf von unten nach oben leicht diagonal auf.

Den Verlauf erstellen

Das Foto einfügen

Nun wird das Foto eingefügt. Dazu aktivieren Sie die eben erstellte Datei und ziehen die Ebene aus der Ebenen-Palette in das Bild mit dem Farbverlauf. Mit dem *Verschieben-Werkzeug* lässt sich das Foto richtig platzieren.

Bild in neue Datei ziehen

Sie benutzen dann den *Radiergummi*, um an den Rändern einen fließenden Übergang zwischen dem Hintergrund und Teilen des eingefügten Bildes zu erzeugen.

Das eingefügte Bild

Malen

Danach sind die Kondensstreifen an der Reihe. Sie lassen sich mit dem *Werkzeugspitzen-Werkzeug* erstellen. Sie benutzen für die einzelnen Streifen unterschiedliche Vorgaben und Größen, einzustellen in der Optionsleiste. Die beiden Leuchtpunkte "tupfen" Sie mit dem Pinsel, Sie nehmen als Vorgabe einen runden weichen Pinsel mit 100 Pixeln.

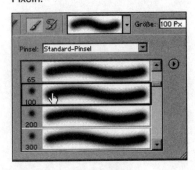

Einen weichen Pinsel nehmen

Malen mit dem Pinsel (Werkzeugspitze)

Eine der Linien wird nachbearbeitet, damit sie ein wenig spitz zuläuft und so realistischer aussieht. Dafür setzen Sie das Werkzeug *Wischfinger* ein. Wenn man damit über das Ende des Streifens fährt, kann man die Farbe ein wenig rausziehen. Um sauber arbeiten zu können, stellen Sie einen großen Zoom ein.

Mit dem Wischfinger *wurde der Streifen bearbeitet, sodass er etwas spitzer zuläuft.*

Formen aufziehen

Danach werden die Formen (das kleine Flugzeug und die Sprechblase) "kreiert". Um diese Formen aufzuziehen, aktivieren Sie das *Eigene-Form-Werkzeug*, zu finden im Flyout des *Rechteck-Werkzeugs*.

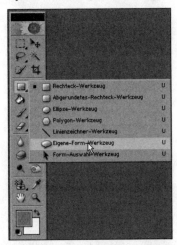

Das Eigene-Form-Werkzeug *auswählen*

In der Optionsleiste öffnen Sie über den Auswahlpfeil am Feld *Form* zunächst das Pop-up-Menü und dann über den nach rechts zeigenden Pfeil das Menü. Hier wird u.a. der Eintrag *Objekte* angeboten. In der entsprechenden Auswahl gibt es einige Flugzeug-Formen, Sie ziehen das Flugzeug 3 mit gedrückter Maustaste auf.

Dann aktivieren Sie das *Verschiebe-Werkzeug*, um das Flugzeug richtig zu positionieren, außerdem wird die Form gespiegelt (*Bild > Drehen > Ebene horizontal spiegeln*) und etwas gedreht. Zum Drehen der Form aktivieren Sie über *Bild > Transformieren* den Befehl *Ebene frei drehen* und ziehen die Form in die richtige Richtung, sobald der gebogene Doppelpfeil zu sehen ist.

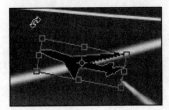

Die Form drehen

Als Nächstes stellen Sie ein Grau als Vordergrundfarbe ein und färben das Flugzeug mit dem *Füllwerkzeug*. Für eine realistische Wirkung kann man noch mit den Beleuchtungseffekten und Blendenflecken spielen. Wie immer wichtig: darauf achten, dass die richtige Ebene aktiviert ist. Über das Menü *Filter* und den Eintrag *Rendering-Filter* öffnet man den Dialog *Beleuchtungseffekte* bzw. *Blendenflecke*.

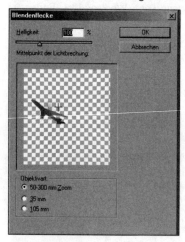

Bild mit Flugzeug

Danach zeichnen Sie eine Sprechblase. Sie nehmen also wieder das *Eigene-Form-*Werkzeug zur Hand und wählen in der Auswahlliste des Feldes *Form* den Eintrag *Sprechblasen*. Mit dem *Verschiebe-Werkzeug* wird die Sprechblase richtig platziert. Da sie ein wenig durchsichtig sein sollte, verringern Sie die *Deckkraft* in der Ebenen-Palette. Sie ziehen den entsprechenden Schieberegler auf 70%.

Bild mit Sprechblase

Benutzung des Text-Werkzeugs

Nun soll das Plakat mit Text ergänzt werden. Dazu muss das *Text-Werkzeug* in der Werkzeugleiste zur Hand genommen und dann in der Optionsleiste eine Schriftart, Größe und Farbe bestimmt und das Symbol *Glätten* aktiviert werden. Um die Farbe einzustellen, klicken Sie auf das Symbol *Textfarbe einstellen*. Dies öffnet den Dialog *Farbwähler*. Für ein reines Weiß im RGB-Modell tragen Sie in den Feldern *R, G* und *B* jeweils 255 ein. Dann klicken Sie in die Sprechblase und schreiben den Zweizeiler. Auch Text lässt sich mit dem *Verschiebe-Werkzeug* richtig positionieren.

Text in der Sprechblase

Der Aufwärtsschwung des Wortes "Flugshow" lässt sich mit dem Symbol *Verkrümmten Text erstellen* in der Optionsleiste erreichen. Ein Klick auf dieses Symbol öffnet den Dialog *Text verkrümmen*. In der Auswahlliste am Feld *Stil* werden eine Reihe von Verkrümmungen angeboten. Sie wählen hier *Ansteigend*. Danach muss der Text mit dem Verschiebe-Werkzeug noch einmal neu positioniert werden.

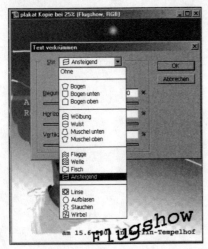

Dem Text Schwung geben

Reduzieren

Nachdem alle Schritte erledigt und Sie soweit zufrieden sind, reduzieren Sie alle Ebenen auf die Hintergrundebene. Dadurch lässt sich die Dateigröße beträchtlich verkleinern. Den Befehl zum Reduzieren gibt es im Menü *Ebene*: *Auf Hintergrundebene reduzieren*.

Stichwortverzeichnis

W

Z

DRUCKPROGRAMME VON SYBEX!

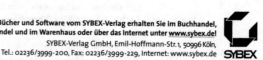

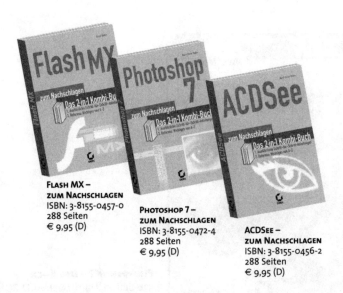

Von Profis für Profis:
Technology Today

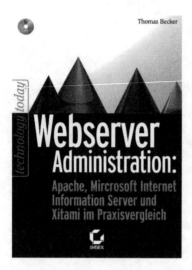

WEBSERVER ADMINISTRATION:
APACHE, MICROSOFT INTERNET INFORMATION SERVER + XITAMI
IM PRAXISVERGLEICH – TECHNOLOGY TODAY

Thomas Becker

Praxisnah zeigt dieses Buch, wie man einen Server aufbaut.
Das Themenspektrum reicht über die Einrichtung und
Installation, die Konfiguration der gängigsten Basis-
Funktionen bis zur Einrichtung aktiver Serverinhalte,
Anwendung von SSI und SSL und der Pflege des Servers. Mit
Funktionsvergleich der drei Server.

ISBN: 3-8155-0431-7
456 Seiten + CD-ROM

€ 39,95 (D)

SQL: ORACLE, SQL-SERVER, MYSQL UND POSTGRESQL –
TECHNOLOGY TODAY

Thomas Becker

Datenbankanwender, -entwickler und –administratoren erhalten
in diesem Buch geballtes SQL-Wissen. Hier erlernen Sie
anhand praxisnaher Beispiele alles, was Sie wissen müssen,
um mit SQL Datenbanken anzulegen, Datenbankabfragen zu
erstellen und Datenbankadministration zu betreiben.

ISBN: 3-8155-0226-8
448 Seiten + CD-ROM

€ 39,95 (D)

Bücher und Software vom SYBEX-Verlag erhalten Sie im Buchhandel,
Fachhandel und im Warenhaus oder über das Internet unter www.sybex.de!
SYBEX-Verlag GmbH, Emil-Hoffmann-Str. 1, 50996 Köln
Tel.: 02236-3999 200, Fax: 02236-3999 229, Internet: www.sybex.de

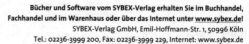